鎌田宗雲著

# 七高僧と親鸞

永田文昌堂

# まえがき

世界中に感染拡大しているコロナ禍のなか、思いもかけず時間の余裕が与えられました。私は親鸞の思想に影響をあたえた七高僧の教えを、自分なりにまとめてみたいと、心ひそかに願っていました。おかげでそれが今実現しています。

『仏説無量寿経』(『大経』)が説法されてから、およそ千二百年の時間が流れました。インド・中国を経てきた『無量寿経』の教えに、親鸞は自己のすべてをかけました。阿弥陀仏の本願の仏道を、「印度西天之論家　中夏日城之高僧　顕大聖興世正意　明如来本誓応機」と体験したのです。数多くの先達のなかから、インド、中国、日本から七人を選び、その教えと生き方を讃仰して、阿弥陀の浄土に往生する仏道を継承しています。

今まで諸先生に教えられ、蓄えてきたノートをひもといて、乏しい知識でありますが、〈真宗七高僧の教えと親鸞への影響〉をここに簡単にまとめてみました。

長い間お育ていただだいている永田文昌堂社主・永田悟氏に、今回もいろいろとご指導いただき、ここに小著を上梓することができました。心より御礼もうしあげます。

二〇二一年 一 月

著 者

# 目次

# 七高僧と親鸞

# 真宗七高僧について

親鸞は三国七高僧の教えを伝統して、阿弥陀仏の救いを独自に展開しています。親鸞は三国にわたって七人の浄土願生者を選び、それらの方々の教えを受容して、さらに深めています。そして、七高僧の生きざまを敬いました。インドから龍樹《りゅうじゅ》（一五〇～二五〇ころ）と天親《てんじん》（三二〇～四〇〇ころ）、中国から曇鸞《どんらん》（四七六～五四二ころ）と道綽《どうしゃく》（五六二～六四五）と善導《ぜんどう》（六一三～六八一）、日本から源信《げんしん》（九四二～一〇一七）と源空《げんくう》（法然、一一三三～一二一二）の七人を選びました。この七人を後世に三国七高僧《さんごくしちこうそう》とよんで敬っています。

それでは、どのような基準から七高僧を選んだのでしょうか。選定の基準のてがかりが『選択集《せんじゃくしゅう》』二門章《にもんしょう》にあります。そこに浄土宗の血脈と伝統の系譜がでてきます。それは中国浄土教に廬山《ろざん》の慧遠流《えおんりゅう》、慈愍流《じみんりゅう》、曇鸞《どんらん》、道綽《どうしゃく》、善導《ぜんどう》流の三系統があり、さらに、曇鸞、道綽、善導流は、菩提流支《ぼだいるし》、浄慧遠《じょうえおん》、懐感《えかん》と少康《しょうこう》の流れがあることを示しています。また、源空（法然）に『類聚浄土五祖伝《るいじゅじょうどごそでん》』があるのですが、ここに浄土教の祖師として曇鸞、道綽、善導、懐感、少康の伝記が記されています。宗学では、空華学派の道隠《どうおん》が『正信偈《しょうしんげ》甄解《けんげ》』に、親鸞が七祖を選定した理由を、次のような三義にまとめています。

(1)自ら西方往生を願じた。（阿弥陀仏の本願を信じて生きた人）

(2)書を撰し、この法を弘伝した。（阿弥陀仏の本願を弘伝する著作がある）

(3)自ら本願力を呼称した。（教義において発揮する）

というものです。後世の人々は道隠のこの三義をもって、七祖選定の基準と伝えてくるようになってきているようです。

ここで七高僧の教えを簡単に紹介しておきましょう。

(1)龍樹　仏道（仏に成る道）には難行道《なんぎょうどう》と易行道《いぎょうどう》の難易二道《なんいにどう》があると説きました。そして、阿弥陀仏の本願の念仏が易行の要道であると開顕しました。

(2)天親　すべての人々は、ただ一心帰命《いっしんきみょう》の安心《あんじん》で浄土に願生できるという、一心の宣布を発揮しました。

(3)曇鸞　龍樹と天親の浄土教思想を綜合しました。すべての人々が浄土に往生して仏果を証することも、浄土から娑婆にかえって衆生を済度することも、すべてが阿弥陀仏の本願力によるという他利利他《たりりた》の深意《じんい》を開顕しました。すなわち、往還二回向《おうげんにえこう》の教理と他力回向の原理を説いたのです。

(4)道綽　末法思想《まっぽうしそう》を自覚して仏道を聖道門と浄土門に判じました。そして、時機相応《じきそうおう》の教えの浄土門だけが、唯一救われる仏道であると力説しています。

(5)善導　要弘二門《ようぐにもん》の廃立《はいりゅう》をたてて、弘願念仏《ぐがんねんぶつ》の一法を顕示しました。善導の功績を古《こ》今楷定《こんかいじょう》といいます。

(6)源信　報化二土《ほうけにど》を弁立《べんりゅう》して、ここに専雑《せんぞう》の得失《とくしつ》を判じました。

(7)源空　浄土門を独立し、他力の念仏は阿弥陀仏の選択本願《せんじゃくほんがん》であると顕示しました。

親鸞が重視している『無量寿経』(『大経』)に、「どうして阿弥陀仏が人々を救おうと願われたのか」、「どうして人々を救う南無阿弥陀仏(仏力)が完成したのか」、「どうして南無阿弥陀仏の名号で人々がすくわれるのか」が説かれています。源空の『西方指南《さいほうしなん》抄《しょう》』に、「法蔵菩薩の御こころをもて本願の体《たい》とし、名号をもては本願の用《ゆう》とす……名号をもて本願の体とす」という本願為宗《ほんがんいしゅう》・名号為体《みょうごういたい》を説いています。この八文字から『無量寿経』（『大経』）の内容がわかるのです。本願と名号を南無阿弥陀の体《たい》（本質）と用《ゆう》（はたらき）であるとおさえています。また、名号を本願の体とみているのは親鸞独自の理解です。さらに、『教行信証』の「行巻」に、元照《がんしょう》の『阿弥陀経義疏《ぎしょ》』の「我が弥陀は名をもって物《もの》（人々）を摂《せっ》したまふ」という文を引用して、名号（南無阿弥陀仏）のはたらきをわかりやすく伝えています。つまるところ、親鸞は七高僧の教えを骨子としながら、『無量寿経』（『大経』）の仏意を開顕したといえるのです。

江戸時代の香樹院徳龍《こうじゅいんとくりゅう》が法話によく引用していたという、中唐の于良史《うりょうし》の「春山夜月」の一節を思いだします。それは、

水《みず》を掬《きく》すれば　月手《つきて》に在《あ》り
花《はな》を弄《ろう》すれば　香《かお》り衣《ころも》に満《み》つ

という一句です。これは阿弥陀仏の心を知るのには、「ただ念仏すれば、阿弥陀仏のお慈悲がとどいてくださる」ことに気づくということを、香樹院はこの詩をよく法話につかっていたと伝えられています。お念仏をすることは、桶から杓《しゃく》で水をすくえば、杓の中にに月が映っている。月ははるかに遠くにあるのだけれど、目の前の杓をみれば月を見ることができると、これは阿弥陀仏を信知することと同じだと、名号のはたらきを説明しているのです。杓の中の水にうつる月、あるいは手に掬った水に月がうつるように、お念仏を称えれば、称える念仏に阿弥陀仏の救いのはたらきがとどいているのだと言うのです。ここで本願のはたらきを無条件に、私がうけいれることが大事なことだと教えられます。

親鸞が説いている念仏相続は無疑心《むぎしん》の相続です。これは阿弥陀仏の本願力によって、救いから洩《も》れる人がなく、すべての人が成仏できるという教えです。親鸞のこの確信とよろこびは、七高僧の教えから導かれてきています。「どうして念仏ひとつで救われると確信できるのか」を理解するためには「まづ本願のおこりを存知すべきなり。」(『安心決定鈔』）が大切です。そのために念仏の教えを学び、「仏願の生起本末《しょうきほんまつ》を知り、阿弥陀仏の本意をうけいれる」ことが大切なのです。親鸞は専修念仏《せんじゅねんぶつ》の救いこそ唯一無二の教えだと、浄土三部経と七高僧の教えから体得し、唯可信斯高僧説《ゆいかしんしこうそうせつ》と言いきり、念仏相続の生活をした人でした。

# 龍樹菩薩

龍樹は大乗仏教に帰依し、般若思想《はんにゃしそう》の体系化に功績を残した人です。第二の釈尊と後世の人々から仰がれている人です。わが国では八宗《はっしゅう》の祖《そ》と崇敬されて、どの仏教宗派も尊敬している人です。ちなみに浄土真宗は蓮如以後に八宗の祖師と称するようになりました。存覚《ぞんかく》は『六要鈔《ろくようしょう》』に、「龍樹の出世は、専ら弥陀の教《きょう》を弘通《ぐつう》せんが為なり」と讃えています。「正信偈」に、

釈迦如来楞伽山《りょうがせん》にして　衆のために告命《ごうみょう》したまわく　南天竺に龍樹大士世にいでて　悉くよく有無の見《けん》を摧破《ざいは》せん。大乗無上の法を宣説し、歓喜地《かんぎち》を証して安楽に生ぜんと。難行の陸路苦しきことを顕示して、易行の水道楽しきことを信楽せしむ。弥陀仏の本願を憶念すれば、自然に即の時必定《ひつじょう》に入る。ただよくつねに如来の号を称して、大悲弘誓の恩を報ずべしといへり。

（意訳　釈尊が楞伽山で説法していたときに、そこの聴衆に予言されたことがありました。「私の死後、南インドに龍樹菩薩があらわれ、有無の邪見を破り、大乗のすぐれた法をひろめます。みずからは歓喜地をさとり、安楽国に生まれるでしょう」と。予言通り龍樹が南インドに生まれ、さとりにいたる仏道を難行道と易行道にわけて説きました。難行道は陸路を歩むように苦しい仏道ですが、易行道の念仏は水路を船でゆくように誰にでもでき楽しいものだと説きました。阿弥陀仏の本願を信じる一念のとき、かならず仏になる身のうえにさせていただけるのです。そうですから、阿弥陀仏の名を称えて、阿弥陀仏の恩徳を報謝すべきであります。）

と、「釈尊の予言によって龍樹が南インドに出生したこと、そして、龍樹の教えの特色は難易二道判《なんいにどうはん》、現生正定聚《げんしょうしょうじょうじゅ》、信因称報《しんいんしょうほう》の教えである」と、龍樹を紹介しています。

また、『高僧和讃《こうそうわさん》』で十首《しゅ》の和讃をつくって、龍樹を讃仰しています。

# 龍樹の教え

龍樹の教えの基本は般若思想《はんにゃしそう》にあります。それはこの世のすべてのものは、すべて因と縁によって生起《しょうき》している縁起であるととらえる教えです。固定的な実体をもったものはなく、すべてが無自性《むじしょう》にして空《くう》であると説いています。

阿弥陀仏の浄土に往生する仏道は、『十住毘婆沙論《じゅうじゅうびばしゃろん》』の「易行品《いぎょうぼん》」に説かれています。親鸞はそこに注視しました。仏教の根本は仏に成るという教えですが、それには菩薩道の四十一番目の初地《しょぢ》の位に入らねば実現できません。この位を必定《ひつじょう》の位《くらい》とか、不退転地《ふたいてんち》といいます。この不退転地に到ると、心によろこびがわいてくるので歓喜地《かんぎち》ともいいます。いま「易行品」には不退転地に到る仏道を、大きく難行道《なんぎょうどう》と易行道《いぎょうどう》に分けています。そして難行道には諸《しょ》、久《く》、堕《だ》の三難があると説いています。それは、

(1)たくさんの難行を行じなければならない。

(2)久しくしてさとりが得られる。

(3)中途半端なさとりにおちいりやすい。

という意味です。この難行は誰でもができる仏道ではありません。そこで、

陸道の歩行《ぶぎょう》は則ち苦しく、水道の乗船は則ち楽しきが如し。……信方便の易行を以て疾《と》く阿惟越致地《あゆいおっちじ》に至る。

と、信方便《しんほうべん》の易行の仏道を説いています。

ここに難行道の苦しさは陸路を歩む厳しさに似ていると喩え、易行道の易行は水道の乗船のようだと喩えています。そこで易行道こそ誰でもができる容易な仏道だと教えています。信方便の易行の法が阿弥陀仏の他力のことです。すなわち阿弥陀仏の本願です。このことを「正信偈」に、

難行の陸路苦しきことを顕示して、易行の水道楽しきことを信楽せしむ。弥陀仏の本願を憶念すれば、自然に即の時必定に入る。

といっています。また、『高僧和讃』に、

龍樹大士世にいでて　難行《なんぎょう》易行《いぎょう》のみちをしへ

流転輪廻《るてんりんね》のわれらをば　弘誓《ぐぜい》のふねにのせたまふ

と讃嘆して、その他力易行を高揚しています。

## 親鸞への影響

浄土真宗の仏道の原点は、『無量寿経』（『大経』）にあります。『大経』には聞名《もんみょう》にもとづいた不退転地に到る仏道が説かれています。それは第十八願成就文《じょうじゅもん》に、

あらゆる衆生、その名号を聞きて信心歓喜《しんじんかんぎ》せんこと乃至一念《ないしいちねん》せん。至心に廻《え》をえて不退転《ふたいてん》に住《じゅう》せん。

と明かしているところです。諸宗の教えは見仏《けんぶつ》（見性《けんしょう》）の仏道を説いているのですが、浄土真宗は聞名の仏道を説きます。浄土真宗を学ぶうえで、このことを十分に理解しておかねばなりません。

『教行信証』の「化身土巻」に、難易二道判《なんいにどうはん》にもとづいた真宗教義の教判論《きょうはんろん》が示されています。浄土真宗が説いている仏道は、『大経』の本願に示される聞名往生《もんみょうおうじょう》の仏道

です。これは「易行品」で説いている礼拝《らいはい》、称名《しょうみょう》、憶念《おくねん》の三業奉行《さんごうぶぎょう》において成立している教えです。この龍樹の教えはほとんどの学僧に注目されていなかったようですが、龍樹の没後千年ほど経ってから、親鸞が龍樹の教えを開顕しました。『高僧和讃』に、

不退のくらゐすみやかに　　えんとおもはんひとはみな
恭敬《くぎょう》の心に執持《しゅうじ》して　　弥陀の名号称すべし

と説いているところからあきらかです。このように言えるのは「易行品」に、

もし人疾く不退転地に至らんとおもうものは、まさに恭敬心《くぎょうしん》をもって執持《しゅうじ》し名号を称すべし。

という文があるからです。ここの恭敬心《くぎょうしん》は礼拝、憶念を意味しており、さらには称名の三業奉行を教示しています。

親鸞が龍樹の浄土教思想を継承していることは、『教行信証』の「行巻」からもあきらかです。このことを『高僧和讃』に、

不退のくらいすみやかに　　えんとおもはんひとはみな

恭敬の心に執持して　弥陀の名号称すべし

と讃えて、さらに『親鸞聖人御消息』二十五通に、

往生を不定《ふじょう》におぼしめさんひとは、まづわが身の往生をおぼしめして、御念仏候ふべし。わが身の往生一定とおぼしめさんひとは、仏の御恩をおぼしめさんひとは、仏の御恩をおぼしめさんに、御報恩のために御念仏こころにいれて申して、世のなか安穏なれ、仏法ひろまれとおぼしめすべしとぞおぼえ候ふ。

と示していることにも注目していてください。これは称名念仏がただちに報恩行ということになるということでなく、つねに称名念仏をしながら報恩の行為を実践しなさいという意味でありましょう。

## 天親菩薩

天親は旧訳で、新訳では世親《せしん》と言います。世親の名称が仏教界では一般的ですが、浄土真宗では旧訳の天親を使用しています。兄の無著《むじゃく》に導かれて大乗仏教に転向しました。瑜伽唯識《ゆがゆいしき》の教学を学び、唯識《ゆいしき》教学にかかわる論書を著わし、瑜伽教学の組織化に功績を残しました。天親は唯識教学を大成した人ですが、その唯識教学は龍樹の般若思想を継承して展開している教えです。「正信偈」に、

天親菩薩論を造りて説《と》かく、無碍光如来に帰命したてまつる。修多羅によって真実を顕して、横超《おうちょ》の大誓願を光闡《こうせん》す。広く本願力の回向によって、群生を度せんがために一心を彰わす。功徳大宝海《くどくだいほうかい》に記入すれば、必ず大会衆《だいえしゅ》の数に入ることをう。蓮華蔵世界に至ることをうれば、すなわち真如法性の身を証せしむと。煩悩の林に遊んで神通を現じ、生死の園に入って応化を示すといえり。

（意訳　天親は、私は一心に阿弥陀仏に帰命しますと、『浄土論』に自らの信仰を表明しています。そして浄土三部経から真実の道を示し、他力の大誓願をあらしました。本願他力の回向によって一切の人々を救うために、一心に帰命することを明らかにしています。信心を得た人は、この世で菩薩のなかま入りができ、浄土に生ずれば涅槃のさとりをひらくことができます。浄土往生してから娑婆にかえって神通をあらわし、すべての人々を救うと説いています。）

と、「『浄土論』を著わして、阿弥陀仏に帰命したこと」、そして「天親の教えの特色として一心《いっしん》他力《たりき》の義、現当二益《げんとうにやく》、還相廻向《げんそうえこう》の義があること」を、天親を紹介しています。

また、『高僧和讃』で十首の和讃をつくり、天親（世親）を讃仰しています。

## 天親（世親）の教え

天親の『浄土論』の原典は未伝です。菩提流支《ぼだいるし》が翻訳した漢訳《かんやく》だけが伝わっています。『浄土論』の正式名称は、『無量寿経優婆提舎願生偈《むりょうじゅきょううばだいしゃがんしょうげ》』という長たらしいものです。これを省略して『論《ろん》』とか、『浄土論《じょうどろん》』と呼んでいます。題名は『無量寿経』の教説について優婆提舎《うばだいしゃ》(論議すること)し、阿弥陀仏の浄土に往生したいと思念を表白したところの願生の偈《うた》という意味があります。この『浄土論』は三部経のいずれに依っているのかが、先哲の間でいろいろと論議されてきました。宗学では「総依三部経別依無量寿経」と一括《ひとくく》りで表現しています。三部経に依って『浄土論』が書かれていると三経通申論《さんぎょうつうしんろん》を教えています。この三経通申論は浄音《じょうおん》の『論註刪補鈔《ろんちゅうさんぽしょう》』や堯慧《ぎょうえ》の『論《ろん》註私集鈔《ちゅうししゅうしょう》』などの主張です。『尊号真像銘文』に、

いま修多羅と申すは大乗なり、小乗にあらず。いまの三部の経典は大乗修多羅なり、この三部大乗によるとなり。

の文があり、これから親鸞は三経通申説を主張しているとみられます。また慧海《えかい》は『浄土論啓蒙《じょうどろんけいもう》』(真宗叢書五)、は『無量寿経』を指すと別申大経論《べっしんだいきょうろん》を説き、法霖《ほうりん》の『浄《じょう》土論偈遊刃記《どろんげゆうじんき》』(真宗全書六二)は、『阿弥陀経』を指すと言って、別依小経論を主張しています。その他に別依観経論とか、宗暁《そうぎょう》の『楽邦文類《らくほうもんるい》』のように諸経にもとめる諸経

通申論をたてる説もあります。

『浄土論』の内容は浄土の三厳二十九種《さんごんにじゅうきゅうしゅ》の荘厳相《しょうごんそう》を明かしています。つまり、阿弥陀仏の浄土がどのような世界なのかを具体的な相《すがた》で示している本です。「仏の本願力を観ず」とか、「此の三種の成就は願心をもって荘厳す」と説いていることから、『浄土論』は『無量寿経』に依っていることはあきらかです。『浄土論』撰述の理由として、次の三点が言われています。

(1)浄土の三経の真意をあきらかにするため。

(2)西方の浄土を願生して、自利利他の行をまっとうしたいため。

(3)阿弥陀仏の本願をあきらかにして、広大無碍の一心をあきらかにするため。

『浄土論』の大事なところは一心を開顕しているところです。この一心は他力回向の一心のことで、その一心は天親の信心そのものにほかなりません。『浄土論』は前半と後半に分かれています。前半は頌讃《じゅさん》で、天親自身の一心願生の安心《あんじん》が説かれています。その偈文《げもん》に浄土の荘厳相の十七種、仏の荘厳相の八種、浄土の菩薩の荘厳相の四種で合計三厳二十九種の荘厳相を明らかにしています。後半は散文の長行《じょうごう》で、前半の偈文をうけています。浄土往生するための行を長行の初めに、

いかんが観じいかんが信心を生ずる。もし善男子善女人五念門を修して、行成就しぬれば、畢竟《ひっきょう》じて安楽国土に生じてかの阿弥陀仏を見たてまつることをう。

と起観生信《きかんしょうしん》を説いています。すなわち、ここに五念門《ごねんもん》の起行《きぎょう》が説いてあるのですが、それは五念門という実践行から一心の信心を解明しています。そうですから、五念は一心の徳義をひらいたものといえるのです。天親の功績を「一心宣布《いっしんせんぷ》」と言います。つまるところ、『浄土論』の要は一心を開顕しているところにあります。この一心は他力回向の一心のことで、一心は天親の信心にほかなりません。『高僧和讃』に、

天親論主は一心に　無碍光に帰命す
本願力に乗ずれば　報土にいたるとのべたまふ
願土にいたればすみやかに　無上涅槃《ねはん》を証してぞ
すなはち大悲をおこすなり　これを回向《えこう》となづけたり

と讃えています。先にふれたように、『浄土論』は韻文の形式をとっている偈頌《げじゅ》と、散文の形式をとっている長行《じょうごう》から構成されている本です。偈頌は一心願生の安心《あんじん》を説いてあり、長行は偈頌の意義を説いています。その意義に五念門《ごねんもん》の起行《きぎょう》が説いてあります。それは五念門という実践行で一心の信心をあかしています。五念門は一心の徳義《とくぎ》をひらいたものです。かくして、龍樹と天親の浄土教はともに『無量寿経』に依り、龍樹は阿弥陀仏を名号ととらえることにより聞名《もんみょう》の仏道を説き、天親は阿弥陀仏を仏身ととらえることによって観仏《かんぶつ》の仏道（初期『無量寿経』は観仏による浄土往生を説いている）を説いています。

## 親鸞への影響

『教行信証』の「証巻」に天親の一心宣布《いっしんせんぷ》を讃えて、「論主は広大無碍《こうだいむげ》の一心を宣布して、あまねく雑染堪忍《ぞうぜんかんにん》の群萠《ぐんもう》を開化《かいけ》す」と讃えています。曇鸞は『浄土論』冒頭にある「我一心」を解釈して、我一心とは、天親菩薩の自督《じとく》の詞《ことば》なり。いふこころは、無碍光如来を念じて安楽に生ぜんと願ず。心々相続して他の想《おもい》間雑《けんぞう》することなしとなり。

と説明しています。親鸞はこの自督の督の字について、「行巻」の大行釈に、

我一心とは天親菩薩の自督（督《とく》の字、観《かん》なり、率《そつ》なり、正《しょう》なり）の詞《ことば》なり。

という細かい解釈をしています。ここの観はみずから勤めて一心帰命するという意味です。また率はみずから教主釈尊の言葉にしたがうことをいい、正はみずから正しく自力の疑惑をはなれることをいったものです。そうですから、自督の言葉は、天親みずから阿弥陀仏の勅命に信順したすがたを表明している言葉といえるのです。

また、『教行信証』の「信巻」別序で、『浄土論』を「一心《いっしん》華文《かもん》」と讃えています。さらに、この一心が『大経』の第十八願の至心《ししん》・信楽《しんぎょう》・欲生《よくしょう》の三心に該当するとして、「信巻」で三一問答《さんいちもんどう》の解釈を施しています。三心即一《さんしんそくいち》は本願の固有で、合三為一《がっさんいいち》は天親の勲功《くんこう》であると信心正因《しんじんしょういん》を開示しています。すなわち、

問ふ。如来の本願すでに至心・信楽・欲生の誓を発したまへり、なにをもつての

ゆゑに、論主一心といふや。答ふ。愚鈍《ぐどん》の衆生、解了易《げりょうやす》からしめんがために、弥陀如来、三心を発したまふといへども、涅槃の真因はただ信心をもつてす。このゆゑに論主三を合《がっ》して一とせるか。……………信楽はすなはちこれ一心なり。一心すなはちこれ真実信心なり。このゆゑに論主、建《はじ》めに一心といへるなりと。

と一心の信心をあきらかにしているのです。わかりやすく説明して、至心《ししん》・信楽《しんぎょう》・欲《よく》生《しょう》の三心を合《がっ》する一心であるという説明をしています。

また、『浄土往生文類《じょうどおうじょうもんるい》』に、

また問う、大経の三心と観経の三心と異《い》いかん。答ふ、両経三心すなわち是れ一なり。……明かに知んぬ、一心は是れ信心なり、専念すなわち正業《しょうぎょう》なり、一心の中に至誠《しじょう》・回向《えこう》の二心を摂在《しょうざい》せり。

とも説いています。これは三心を中間の信楽《しんぎょう》(深信《じんしん》)に統一しているとらえかたです。また『唯信鈔文意《ゆいしんしょうもんい》』には「本願の三信心」、「他力の三信心」、「大経の三信心」、「真実の三信心」などという表現を使っています。つまり、本願の三心は至心・信楽・欲生のいずれも信心といえること、そのいずれであっても、あとの二心を統摂しているのだという理解を示しているのです。

親鸞は本願の三心をそれぞれに統一して、そのいずれも一心であると領解していま す。さらに『教行信証』の「信巻」で本願文の至心・信楽・欲生の心の字訓釈《じくんじゃく》で、その三心の意義についての問答をしています。その字訓釈《じくんじゃく》で三心がいずれも疑蓋無間雑《ぎがいむけんぞう》であるから真実信心であるとい説いています。そういう意味から、天親が一心と説いているのです。その三心がいずれも疑蓋無間雑《ぎがいむけんぞう》であるから真実信心であると言うのです。そういうことから、天親は一心と表白していると理解をしているのです。親鸞によれば本願の三心はどれも疑蓋無間雑の心ですから、天親はその三心を合して一心と明らかにしているのだと理解しているのです。本願の三信心は疑蓋無間雑の心です。一心の説示にもとづいて本願の三信を解釈しているのです。

もう少しほりさげてみます。「必獲入大会衆数《ひつぎゃくにゅうだいえしゅしゅ》」と、真実信心を開発すれば、必ず大会衆《だいえしゅ》の中間にはいると親鸞は説きます。『浄土論』の大会衆は、浄土に往生した人という意味なのですが、親鸞はこの大会衆を信心を開発した人が、今生に得る利益だと理解をしていました。すなわち、天親がいう大会衆は浄土に往生した人のことですが、親鸞はこれを現生において得る信心の利益として正定聚・不退転地の意味だととらえています。『浄土論』で、浄土に往生するということは、私が成仏するための行業を修めて、次第にさとりを成就していくことを意味していました。ところが、親鸞は浄土に往生すると即座にさとりを成就するという往生即成仏を説きます。親鸞においては、浄土に往生するということは、衆生の救済活動を目的としていると理解しているのです。親鸞は信心開発の時点で仏道のすべてが完成していると理解していますから、のちに曇鸞が説いている還相回向《げんそうえこう》の教えによって、衆生救済の活動がなされるという教えにまで消化しています。このことを『尊号真像銘文』に、

信心をえたる人おば、無碍光仏の心光つねにてらし、まもりたまふうゆへに、無明のやみはれ、生死のながきよすでにあかつきになりぬとしるべしとなり。

と説いています。

# 曇鸞大師

四七六年、中国の雁門五台山《がんもんごだいさん》付近で生まれました。般若教学《はんにゃきょうがく》と四論《しろん》教学を学び、また『涅槃経《ねはんきょう》』を中心とする教学を学び、ことに仏性論《ぶっしょうろん》に精通していたと伝えられています。ところが、神仙の不老長寿の術をも習い、仙術の経典を授かったとも伝えられています。インドからきた菩提流支《ぼだいるし》に会い、その道教を学ぶことの誤りを諭されて浄土教に帰入したと、道宣《どうせん》の『続高僧伝』に記されています。浄土教への帰入は、龍樹の浄土教思想に導かれたからです。それは、『讃阿弥陀仏偈《さんあみだぶつげ》』に、阿弥陀仏に帰依した龍樹を本師と讃えているところからもわかります。『教行信証』の「証巻」のおわりに、曇鸞を「大悲往還《おうげん》の回向を顕示して、慇懃《いんぎん》に他利利他《たりりた》の深義《じんぎ》を弘宣《ぐせん》したまへり」と讃え、また、「正信偈」に、

本師曇鸞は梁《りょう》の天子常に鸞の処に向うて礼したてまつる。三藏流支《さんぞうるし》浄教を授けし

かば、仙経を焚焼《ぼんしょう》して楽邦に帰したまいき。天親菩薩の論註解して、報土の因願誓願に顕す。往還の回向は他力に由る、正定の因はただ信心なり。惑染の凡夫信心発すれば、生死即涅槃なりと証知せしむ。必ず無量光明土に至れば、諸有の衆生みなあまねく化すといえり。

（意訳　本師曇鸞は、梁《りょう》の天子が敬っていた人です。ある時に三藏流支から浄土の経典を授けられて、それまで大事にしていた不老不死を説く道教の書『衆酬儀《しゅうしゅうぎ》』を燃やして、阿弥陀仏の西方浄土に往生したいという願生者となりました。天親の『浄土論』を解釈して、阿弥陀仏の浄土に往生できる因果を誓願に顕しました。『往生論註』で往相《おうそう》と還相《げんそう》の二回向は他力に由《よ》り、正定の因はただ信心であると明かしています。煩悩だらけの凡夫でも信心開発すれば、生死即涅槃であることが証知《しょうち》できるのです。かならず無量光明土である浄土に往生すれば、あらゆる人々をあまねく導くことができるのです。）

と、「生涯とその徳を讃え、教えの特色は他力廻向の義にあること」と、曇鸞を紹介しています。『高僧和讃』に三十四首の和讃をつくって、曇鸞を讃仰しています。

## 曇鸞の教え

曇鸞の『往生論註《おうじょうろんちゅう》』は天親の『浄土論』を解釈した本で、正式な名称は『無量寿経《むりょうじゅきょう》優婆提舎願生偈註《うばだいしゃがんしょうげちゅう》』といいます。古くから『往生論註』とか、『論註《ろんちゅう》』と略称しています。功績を一言でいえば他力回向をあきらかにしたことにあります。『往生論註』は『浄土論』そのものを解釈した本なのですが、観仏往生《かんぶつおうじょう》の仏道をも説いています。つまり、『浄土論』は浄土往生の仏道として五念門の行を説いています。その五念門の中心は観察門です。阿弥陀仏と浄土の三厳二十九種を観察して、信心を成就するならば、それを因として、阿弥陀仏の浄土に往生することができると説いています。曇鸞は天親の説にもとずいて観仏行を行じるならば、阿弥陀仏の浄土に往生できると説いています。また、曇鸞は龍樹の浄土教思想をも継承しているので、『十住毘婆沙論』に示している称名往生《しょうみょうおうじょう》の仏道をも説いています。さらに十念相続《じゅうねんそうぞく》の仏道をも説いていきます。この十念相続の仏道が、曇鸞の浄土往生の仏道の中核となっているといわれます。これは『往生論註』に、「十念念仏すればすなはち往生をうる」とか、「十念を具足してすなわち安楽浄土に往生をうる」とあるところからうなずけます。

この十念往生の思想は、龍樹と天親の浄土教にはまったくみられない考えです。『往生論註』の八番問答《はちばんもんどう》の解釈、三願的証《さんがんてきしょう》の解釈、『略論安楽浄土義《りゃくろんあんらくじょうどぎ》』の三輩往生《さんぱいおうじょう》の解釈によると、『無量寿経』（『大経』）の本願文《ほんがんもん》と下輩《げはい》の文と『観無量寿経』の下品下生《げぼんげしょう》の文から十念往生について説いています。曇鸞は三願的証の解釈で、第十八願文を引用して、「仏願力に縁るが故に十念念仏すればすなわち往生をうる」と言い、この十念の仏道こそが阿弥陀仏の本願力にもとずいた仏道であると主張しています。また、八番問答では、『観無量寿経』の下品下生の文によって、どんな凡夫でも、この十念相続の仏道を歩めば、阿弥陀仏の浄土に往生できると説いています。曇鸞において十念とは、専心に阿弥陀仏を憶念する称名をする行業であり、あるいは観仏の仏道を実践するということを意味しているものでした。

『往生論註』は『浄土論』を解釈した本なのですが、その解釈方法に大きな特徴があります。まず偈頌《げじゅ》を解釈するのに長行《じょうごう》の意から解釈をしていることです。長行を解釈しているのに偈頌の意から解釈するという手法で曇鸞独特の解釈を展開しています。『往生論註』上巻で一心をあかして、その一心には五念《ごねん》を具《ぐ》していることを説いています。また『往生論註』下巻で五念門を説くにあたり、その五念が一心におさまることを明らかにしています。浄土真宗の教義を理解するうえで、『往生論註』は大事な教えが満載されています。『往生論註』の内容を大別すれば、

⑴上巻冒頭で「易行品」を引用して、自力と他力の判別をしています。そして、天親の教義は他力易行《たりきいぎょう》の法門であると説いています。すなわち、曇鸞は龍樹・天親二祖の教義を綜合して、ここに純正浄土教の基礎を確立したといえるのです。

⑵上巻のおわりに八番問答《はちばんもんどう》を設けています。浄土教の救済の対象は上根《じょうごん》の聖者ではなく、劣機《れっき》の凡夫を救済の対象としていることを明らかにしています。

⑶下巻の起観生信章《きかんしょうしんしょう》の讃嘆門釈下に三不三信《さんぷさんしん》を説いているのですが、ここに真実信心の相を説いています。

(4)続いて、往相《おうそう》と還相《げんそう》の二回向は他力にもとづいていることを明かしています。

(5)下巻のおわりに、『無量寿経』の第十八願、第十一願、第二十二願の三願を引用して、三願的証《さんがんてきしょう》(覈求本釈《かくほんじゃく》)をほどこしています。『浄土論』に明かす衆生往生の因果は、阿弥陀仏の願力回向によることを明らかにし、多利利他の深義《じんぎ》を開顕していますということになります。

ここで曇鸞が説く浄土往生の仏道を簡単にみてみましょう。『往生論註』は『浄土論』の注釈書ですから、天親の観仏行《かんぶつぎょう》が往生の仏道だと説くのは当然といえます。また、浄土往生の仏道については、龍樹教学の称名往生《しょうみょうおうじょう》の仏道を継承して説いています。これは曇鸞が基本的には龍樹の浄土教をうけついでいるので自然ななりゆきといえます。さらに、信心往生の仏道をも説いています。龍樹が信方便の易仏道は礼拝《らいはい》、称名《しょうみょう》、憶《おく》念《ねん》にもとづいた信心清浄の仏道であると説きました。そして天親が五念門の行は、起観生信の信心往生の仏道であると説きました。曇鸞は龍樹と天親の二人の教えを継承しているので、必然的に信心往生の浄土往生をも主張してくるようになりました。『往

生論註』に、

易仏道とは、いわくただ信仏《しんぶつ》の因縁をもって浄土に生まれと願ず。仏願力に乗じてすなわちかの清浄の土に往生をうる。

と説いているように、信心が遵《じゅん》（純心《じゅんしん》）であること、決定《けつじょう》（一心《いっしん》）であること、相続《そうぞく》（不断《ふだん》）であることの三点をあげて、信心は淳心にして決定であり、不断に相続すべきであることを説いています。

## 親鸞への影響

親鸞が曇鸞の教えの影響をどのように受けたかをみてみます。注目しておきたいのは、『浄土論』の五果門《ごかもん》です。五果門は浄土に往生したものがおさめる行業《ぎょうごう》でなく、菩《ぼ》薩《さつ》が阿弥陀仏に成るために実践した行業《ぎょうごう》であると捉えているところに特徴があります。

それは『入出二門偈《にゅうしゅつにもんげ》』に、

無碍光仏因地の時、この弘誓を発し、この願をたてたまひて、菩薩すでに智慧心を成じ、方便心、無障心を成じ、妙楽勝真心を成就して、速やかに無上道を成就することをえたまへり。

と説いているところからわかります。また、五果門《ごかもん》の回向門《えこうもん》を解釈して、

苦悩の一切衆を捨てたまはざれば、回向を首として大悲心を成就することをえたまへるが故に、功徳を施したまう。

と説いています。天親の意では、五念門の行は私たち凡夫の行業です。ところが、曇鸞は五念門のなかの作願門《さがんもん》、観察門《かんざつもん》、回向門《えこうもん》は、此土《しど》の往生人の行業であると同時に浄土の菩薩の行業でもあるという解釈をしています。ところが、親鸞はさらに徹底して、その浄土の行である五果門は法蔵菩薩《ほうぞうぼさつ》の行業であるという解釈をしています。

さらに、『往生論註』の浄入願心《じょうにゅうがんしん》で説いている法性《ほっしょう》法身《ほっしん》と方便法身《ほうべんほっしん》の思想に注意しておきたいです。『唯信鈔文意《ゆいしんしょうもんい》』『尊号真像銘文《そんごうしんぞうめいもん》』で、法性は現実世界のあらゆるところに充満していると言い、その法性は私たちの心に来りとどいていると説いています。

この考えは龍樹の般若思想にもとづいた曇鸞の浄土教の理解を、みごとに親鸞が継承

しているから、このように言えるのだといわれています。

ここで曇鸞の他力の理解について少しふれておきます。天親は広大無碍の一心を宣布し、曇鸞は本願他力の回向について明らかにしました。親鸞はこの法門をうけて、本願力の回向をひらいて、教・行・信・証・真仏土の教義を構築しました。『往生論註』上巻冒頭の文と、下巻おわりの問答の文のところに、他力の言葉が使われています。曇鸞が使う他力の意味は、「他力を増上縁《ぞうじょうえん》となす」ということで、阿弥陀仏の願力を意味していました。いうなれば阿弥陀仏がもつところの特別な威力という意味で、それを他力と表現したのです。曇鸞の他力思想は、当時の民族信仰が反映していることが指摘されています。というのは、他力の言葉に、不可思議な神秘的な威力という側面があったのです。しかし、親鸞の他力思想は、曇鸞のいう他力とは違っていることを知っておくべきです。曇鸞の他力思想を消化して、それをより深化させているといえます。それは親鸞の他力思想は信心の性格・構造を中心としているからです。往相《おうそう》回向《えこう》も還相《げんそう》回向《えこう》も他力本願力によるから、正定《しょうじょう》の因は信心にかぎるというのが、親鸞

の本願一乗の理解といえます。このことを、『教行信証』の「証巻」のおわりに、
しかれば大聖の真言、まことに知んぬ、大涅槃を証することは願力の回向によりてなり。還相の利益は利他の正意を顕すなり。ここをもって論主(天親)は広大無碍の一心を宣布して、あまねく雑染堪忍の群萠を開化す。宗師(曇鸞)は大悲往還の回向を顕示して、ねんごろに他利利他の深義を弘宣したまへり。仰いで奉持すべし、ことに頂戴すべし。
と説いています。また、『高僧和讃』に、

弥陀の回向成就して　往相・還相ふたつなり
これらの回向によりてこそ　心行ともにえしむなれ
往相の回向ととくことは　弥陀の方便ときいたり
悲願の信行えしむれば　生死すなはち涅槃なり
還相の回向ととくことは　利他教化の果をえしめ
すなはち諸有に回入して　普賢の徳を修するなり

と讃嘆しています。この心は信心のことです。信心を「たまはりたる信心」（『歎異抄』）とか、「無根《むこん》の信」（「信巻」）とか、「本願力回向の信心」（「信巻」）と言っているところからも知られます。つまるところ、親鸞における他力とは信心体験（めざめの体験）について語ったものだと理解をすることができます。

もうひとつおさえておきたいことがあります。曇鸞から影響をうけた不断煩悩得涅《ふだんぼんのうとくね》槃《はん》の理解についてです。『往生論註』に、

彼の浄土に生ずることをうれば、三界の繋業畢竟じて索かず、すなわちこれ煩悩を断ぜずして涅槃分をうる。

と説いていますが、親鸞はこれを「信心開発すれば即ち忍《にん》を獲《う》、生死即ち涅槃なりと証《しょう》知《ち》す。かならず無量光明土に到りて、諸有の衆生みなあまねく化すと」（『浄土文類聚鈔』）と説いています。この違いは、不断煩悩得涅槃を、曇鸞は来世の浄土往生の利益と理解しているのですが、親鸞は今生の信心開発した即時にうける利益と理解しているという両者の違いがあります。

罪障功徳の体となる　こほりとみづのごとくにて
こほりおほきにみづおほし　さはりおほきに徳おほし
（『高僧和讃』）
とあることからもわかります。

## 道綽禅師

五六二年に並州《へいしゅう》の汶水《もんすい》に生まれました。禅師と呼称されているのは、師の慧瓚禅師《えさんぜんじ》が戒律と禅定を実践した禅師だったからです。道綽は師の没後に一転して、浄土教に帰入しました。そのきっかけとなったのが、玄中寺《げんちゅうじ》にある曇鸞を讃えた石碑を読んだことだと伝えられています。後に玄中寺にとどまって曇鸞の浄土教を継承し、もっぱら称名念仏行を修めていました。晩年には日課の称名念仏が七万遍にもおよんだといいます。その熱烈な念仏相続の生活は世の中の人を感化し、道俗の男女が日ごとにその徳風を慕っていたと伝えられています。「正信偈」に、

道綽聖道の証しがたきことを決《けっ》して、唯浄土の通入すべきことを明かす。万善の自力勤修を貶す。円満徳号専称を勧む。三不三信のおしえ慇懃《おんぎん》にして、像末法滅同じく悲引す、一生悪を造れども弘誓にもうあいぬれば、安養界に至って妙果を

証せしむといえり。

（意訳　道綽は聖道の教えはさとりにくいと決定して、ただ浄土の一門だけが救いの道であると示しました。そして、自力の教えから離れて、すべての徳がそなわっている名号を大切にして称えなさいと勧めました。他力の信心にそなわる淳心・一心・相続心の三つのすがたを三信といい、それに反するものを三不信といいますが、道綽はこの三不信と三信をていねいに諭されて、念仏の教えは像法のときも末法のときも、また法滅のときも、いつも私たちを導いてくださると教えています。たとい造悪の生涯であっても、阿弥陀仏の本願にあうことができれば、その人もかならず浄土に往生することができるのです。）

と、「教えの特色の聖浄二門の判をあげて、末法の人々が救われる道は、ただ阿弥陀仏の本願によるしかはない」と、道綽を紹介しています。『高僧和讃』に七首の和讃をつくって、道綽を讃仰しています。

## 道綽の教え

道綽の主著の『安楽集』がどの経典を解釈したのかについて、宗学者のなかで諸説があります。崇廓《すうかく》の『安楽集覆述《ふくじゅつ》』は『観経』の注釈書ではないとみています。これに反して、道粋《どうすい》の『安楽集正錯録《しょうさくろく》』、石泉《せきせん》の『安楽集義疏《ぎしょ》』は、『観経』の注釈書だとみています。いずれせよ、『安楽集』の中心となっているのは聖浄二門判の教えにあります。

仏道を聖道門と浄土門の二門にわけて、聖道門からはなれ、浄土門に帰依しなさいと勧めています。なぜ浄土門を勧めるのでしょうか。その理由として二由一証《にゆいっしょう》を説いています。二由は二つの理由という意味です。まず一つめの理由が、「大聖を去ること遙遠《ようおん》なり」です。これは釈尊がご往生して、大変長い時間が流れている今だからということです。二つめの理由は、「理深《りふか》く解微《げび》なり」だからです。つまり、仏教の道理は深く究《きわ》め難《がた》く、その教えを理解する人は少なくなっている今からだという意味です。

その証拠として『大集月蔵経《だいじゅうがつぞうきょう》』と『無量寿経』（『大経』）をあげています。これを一証《いっしょう》といいます。この二由一証《にゆいちしょう》によって、今の時代は聖道門の修行は成仏がかなわず、念仏の仏道の浄土門だけが成仏に通じる道だと説いています。『大集月蔵経』の取意の文を、親鸞は感銘深くうけとめていたようで、『教行信証』の「化身土巻」に二か所も引用しています。

隋の時代は摂論宗《しょうろんしゅう》の一派が台頭していた時でした。彼らは『観経《かんぎょう》』の十念往生は、劣機《れっき》の衆生を誘引するための釈尊の方便の教えだと解釈していました。『観経』に説いている念仏は別時意《べつじい》の念仏と理解して、念仏往生を願っている人を批判していました。道綽はこれらの摂論家の誤謬を正し、末法思想の到来を痛感して、念仏の正意を開顕するために『安楽集《あんらくしゅう》』を著わしといえます。『安楽集』は、摂論宗の異見邪執の誤まりを正すために書いた本ともいえます。

(1) 浄影《じょうよう》、天台、嘉祥《かしょう》などの諸師が、阿弥陀仏の浄土は凡夫の往生をゆるすから、真実の報土《ほうど》でないと主張していました。その誤まりを正すために『安楽集』が書かれた。

(2)聖道門の教えは愚鈍の衆生には容易に理解しがたいが、浄土門はすべての人が往生できる法であると説いています。その通塞《つうそく》を分け如来の真意を明らかにするために。このことを『安楽集』上巻に、「当今は末法にして現に是れ五濁悪世《ごじょくあくせ》なり、唯だ浄土の一門有《あ》りて通入《つうにゅう》すべき路なり」であることをあきらかにするために、『安楽集』が書かれた。

浄土往生の思想をみると、道綽はまちがいなく曇鸞の教えを継承しています。『安楽集』に、『往生論註』、『讃阿弥陀仏偈』、『略論安楽浄土義』の文が多く引用してあることなどから、道綽が曇鸞の教えに多大な影響をうけていたことがわかります。次に道綽が『観無量寿経《かんむりょうじゅきょう》』を二百遍も講義したと伝えられていることから、阿弥陀仏の浄土に往生したいという願生心が強かったことが想像できます。宗学で道綽の念仏三昧の理解について種々に取りざたされてきました。それは道綽の説いている念仏三昧の内容が多様で、阿弥陀仏への観念、憶念、称念といずれの意味にもとれるからです。また、『安楽集』に「今此の観経は観仏三昧をもって宗となす」とあるように、浄土往生の仏道を観仏三昧《かんぶつざんまい》の仏道ともとらえている面があることからです。

## 親鸞への影響

親鸞は道綽からどんな影響をうけたのでしょうか。道綽はひとえに称名念仏の仏道を勧めていた人です。『高僧和讃』に、

末法五濁の衆生は　聖道の修行せしむとも
ひとりも証をえじとこそ　教主世尊はときたまへ
縦令一生造悪《じゅりょういっしょうぞうあく》の　衆生引接《いんじょう》のためにとて
称我名字《しょうがみょうじ》と願じつつ　若不生者《にゃくふしょうじゃ》とちかひたり

とあるとおりです。これらは道綽の聖浄二門判が、末法の時代の今こそ、親鸞は時機相応の教法だと痛感していたからでしょう。また、『教行信証』の「化身土巻」（本）の三経隠顕に、この聖浄二門の判釈をうけて、

おほよそ一代の教について、この界のうちにして入聖得果《にゅうしょうとくか》するを聖道門と名づ

く、難行道といへり。この門のなかについて、大・小・漸・頓、一乗・二乗・三乗、権・実、顕・密、竪出《じゅしゅつ》・竪超《じゅちょう》あり。すなはちこれ自力、利他教化地、方便権門《ほうべんごんもん》の道路なり。安養浄刹にして入聖証果するを浄土門と名づく、易行道といへり。この門のなかについて、横出《おうしゅつ》・横超《おうちょう》、仮・真、漸・頓、助正《じょしょう》・雑行《ぞうぎょう》・雑修《ざっしゅ》・専修あるなり。

と聖浄二門判の解釈を施しています。さらに『愚禿鈔《ぐとくしょう》』上巻に二双四重《にそうしじゅう》の教判を説いています。道綽はひたすらに阿弥陀仏の名号を称することを勧励した人でした。人々を教化するのに、二つの袋を用意させて、一つの袋に麻や小豆の実をいれて、念仏しながら一回ごとに空の袋に実をいれるという称名念仏を勧励したそうです。このようにして、日々の称名念仏を競わせて念仏相続を勧めたと伝えられています。

「正信偈」に「三不三信のおしえ慇懃《いんぎん》にして」というところがあります。ここを理解しておかねば道綽の教えがわかりません。『往生論註』に無碍光如来の名号には、仏智の不思議を疑う無明の闇を破るはたらきと、衆生の志願《しがん》である浄土に往生する願いを満足させるはたらきがあることを説いています。道綽は「それなのに、どうして称名念仏しても、阿弥陀仏を憶念しても、信心が開発できないのは、どうしてだろうか」と自問をしています。そして、その答えとして、『往生論註』の文を引用して二つの理由を示しています。一つには衆生が如実に修行できないからである。すなわち、それは衆生の称名が名号の実義にかなっていないからだというのです。そこで浄土往生の信心について、正しくない三種類の信心をあげています。衆生が阿弥陀仏の名号を称えるにあたり、①信心不淳《しんじんふじゅん》（信心淳《あつ》からず）、②信心不一《しんじんふいち》（信心一ならず）、信心不相続《しんじんふそうぞく》（信心相続せず）の三不信《さんふしん》といわれる信心で、この信心では所願が満たされないと答えています。二つには衆生の称名が阿弥陀仏の名義《みょうぎ》と相応《そうおう》していないからだと答えています。すなわち、衆生が阿弥陀仏の名号を称えるのに、その称える名号は南無阿弥陀仏であり、その名号は智慧と慈悲の二徳を円備した実相身《じっそうしん》（自利）と為物身《いもつしん》（利他）の仏であることを知らないことから生じる二不知《にふち》だという理由をあげています。この三不信にたいして明信仏智《みょうしんぶっち》の淳心、一心、相続心の三信をつよく勧めています。つまるところこの称名が如実修行相応《にょじつしゅぎょうそうおう》の信心であると教えています。親鸞はこの淳心・一心・相続心の三心は、『無量寿経』(『大経』)の本願の三信である至心・信楽・欲生にのぞんで、信楽の三面であると理解しています。これはとりもなおさず、本願成就文の信心歓喜の一念にほかならないとみたのです。三信に順じる称名念仏を如実修行といい、破闇満願《はあんまんがん》の徳をもった名号が、真実信心に他ならないと理解しているのです。この信心は『浄土論』に「我一心」と表白している一心であると理解しました。そうですから、曇鸞の解釈を承けた道綽の功績をたたえて、「三不三信の、慇懃《おんごん》にして、像末法滅同じく悲《ひ》引《いん》す」と述べているのです。後に善導がこの二不知の考えを深化していき、二種深信《にしゅじんしん》の思想の主張となってきます。

また、末法思想にかかわる『安楽集』の四文を引用しています。それは、

(1)第五大門第一の「念仏の道が速疾《そくしつ》であることを明かす文」を引用して、聖道門は難行道だから一万劫の修行のすえに正定聚《しょうじょうじゅ》、不退転地《ふたいてんち》にいたると説いています。

(2)第一大門第一の「『観無量寿経』の意義を明かす文」を引用し、末法の時代の今日は、

称名念仏の仏道こそ万人にふさわしい教法であると説いています。

⑶第六大門第三の「浄土教の永遠性を示す文」を引用し、末法の時代に『無量寿経』（『大経』）の教えだけが止住《しじゅう》し、万人が学ぶことができると説いています。

⑷第三大門第四の「念仏三昧を勧信する文」を引用し、末法の時代にはただ念仏による往生しか仏になる道がないことを説いています。

という四文を引用して、そのあとに、

しかれば穢悪《えあく》濁世《じょくせ》の群生、末代の旨を知らず僧尼の威儀をそしる。いまの時の道俗己れが分を思慮せよ。

と結んでいます。

ここで再確認しておきたいことがあります。釈尊滅後にくる正法《しょうぼう》、像法《ぞうぼう》、末法《まっぽう》の三《さん》時《じ》思《し》想《そう》についてです。日本では正法千年、像法千年、末法一万年と三時思想をみるのが普通です。正法は教《きょう》・行《ぎょう》・証《しょう》が保証されている時代ですが、像法は教・行だけの時代になり、末法は教だけが残っている時代です。日本で末法の時代がはじまったのが、永承七年（一〇五二）だといわれています。源空（法然）や親鸞はそういう末法の時代ただなかに生きた人です。でも、末法の時代に仏道が成立しがたいというのは聖道門の修行について言われることです。しかし、浄土門は三時思想にとらわれず、特定の場所も時間も関係なく、どんな人も、阿弥陀仏に救われる教えです。親鸞は今の時代が末法だと十分に認識しながらも、称名念仏の仏道こそが、この末法の時代に、すべての人々が救われる教法であるととらえていたのにちがいありません。末法の時代だからこそ、称名念仏の仏道を邁進すべきだと勧めていたのだと思います。『正像末和讃《しょうぞうまつわさん》』に次のように自信をもって説いています。

自力聖道の菩提心《ぼだいしん》　こころもことばもおよばれず
常没流転《じょうもつ》の凡愚《ぼんぐ》は　いかでか発起《ほっき》せしむべき
像末五濁《ぞうまつごじょく》の世となりて　釈迦の遺教《ゆいきょう》かくれしむ
弥陀の悲願ひろまりて　念仏往生さかりなり

# 善導大師

出身地は泗州《ししゅう》と臨淄《りんし》の二説があります。六一二年に生まれました。はじめは『法華経』や『維摩経』を学んだのですが、のちに浄土変相図《じょうどへんそうず》をみて深く感銘し、それから浄土教に帰依したと伝えられています。二十歳前後に、玄中寺の道綽に出会いました。道綽のもとでおよそ十年、称名念仏の教えを学びました。（余分なことですが、七高僧はお互いに国と時代が異なっているので、お互いが面と向かい話すことがありませんでした。が、道綽と善導だけは面授の師弟関係にありました。）善導は道綽と死別してから、終南山に帰って過ごしました。中国に末法思想が盛んになり、阿弥陀仏思想がより注目されてきた時代でした。

善導の教えは、『無量寿経』の第十八願から『観無量寿経』を解釈したところに、その教えの特徴があります。『観無量寿経』を解釈した有名な『観経四帖疏《かんぎょうしじょうしょ》』が主著です。善導は『観経四帖疏』の「散善義《さんぜんぎ》」の後跋に、「某いまこの観経の要義を出して古今を楷定《かいじょう》せんと欲す」と述べて、『観無量寿経』の過去・現在のさまざまな解釈を検討して、古今の誤解をとくために『観経四帖疏』を書いたと記しています。そしてここに『観無量寿経』を説いた釈尊の仏意を開顕したのです。善導は『観無量寿経』の教えは、定善行の観仏の仏道と、散善行の念仏の仏道を説いているとみています。しかし、善導は『観無量寿経』の結びに説いている念仏往生の仏道に注視しました。そして、『観無量寿経』は定善行と散善行を説いているのだが、善根を修めることのできない凡夫ための仏道として、称名念仏の仏道を開説しているとみました。

生涯にわたり偏依《へんね》一師《いっし》と、善導一人だけを慕った源空（法然）に、『善導十徳』という本があります。そこに善導は、本地門《ほんじもん》から阿弥陀仏の化身としてこの世にあらわれた人だと敬っています。次に垂迹門《すいじゃくもん》から、①至誠念仏の徳、②三昧発得の徳、③光、口より出づる徳、④師の為に疑を決する徳、⑤造疏感夢の徳、⑥化導盛広の徳、⑦遺身入滅の徳、⑧帝王帰敬の徳、⑨遺文放光の徳、⑩形像神変の徳の十徳をあげています。

「正信偈」に、

善導ひとり仏の正意《しょうい》を明かせり、定散と逆悪とを矜哀《こうあい》して、光明名号因縁を顕わす。本願の大智海に開入すれば、行者まさしく金剛心を受けしめ、慶喜一念相応してのち、韋提とひとしく三忍を獲ん。すなわち法性の常楽を証せしむといえり。

（意訳　善導は古今の誤った『観無量寿経』の解釈を糺《ただ》し、釈尊の正しい意図を明らかにしました。それによってすべての人々の救いのてだては光明と名号にあることを示したのです。本願の大智海にはいると、かならず金剛堅固の信心がえられるのです。その喜びの一念は韋提希夫人のそれにひとしく、やがて阿弥陀仏の浄土に往生すると、涅槃のさとりをひらくと説いています。）

と、「古今楷定の功績を讃え、光明と名号の因縁によって信心がえられることを述べ、信心の人は韋提希夫人《いだいけぶにん》と同じように喜《き》・悟《ご》・信《しん》の三忍があたえられ、命終に法性のさとりをひらくことができる」と、善導を紹介しています。また、『高僧和讃』に二十六首の和讃をつくって、善導を讃仰しています。

## 善導の教え

著書には『観経四帖疏《かんぎょうしじょうしょ》』（「玄義分《げんぎぶん》」「序分義《じょふんぎ》」「定善義《じょうぜんぎ》」「散善義《さんぜんぎ》」の四巻）、『観念法門《かんねんほうもん》』、『往生礼讃《おうじょうらいさん》』、『法事讃《ほうじさん》』、『般舟讃《はんじゅさん》』などがあります。この中で『観経四帖疏』が、浄土思想をもっとも明確に示している著書です。古くから『観経四帖疏』を本疏《ほんしょ》といい、あとの四部の著書は浄土教の実践行儀を明かしている具疏《ぐしょ》という言い方をしています。そもそも『観経四帖疏』を書いた理由は何だったのでしょうか。道綽、善導の時代は、中国の仏教界で『観無量寿経』が注目された時代でした。浄影《じょうよう》、天台、嘉祥《かじょう》たちが、『観無量寿経』の十六観を定善観《じょうぜんかん》ととらえ、韋提希夫人《いだいけぶにん》を上根《じょうこん》の人とみていました。これは聖道門の立場から『観無量寿経』を解釈しているので、釈尊の仏意を理解していないと、善導は言うのです。さらに、摂論宗は『観無量寿経』の下々品《げげぼん》の十念往生《じゅうねんおうじょう》を別時意趣《べつじいしゅ》の方便だと主張しているのですが、これはまったく仏意を誤解している看過できませんでした。そこで諸師や通論家の誤謬《ごびゅう》を是正して、仏意を開顕する

ために『観経四帖疏』を書いたというのです。「散善義」後跋に、

某、いまこの『観経』の要義を出《いだ》して、古今を楷定せんと欲す。もし三世の諸仏・釈迦仏・阿弥陀仏等の大悲の願意に称《かな》はば、願はくは夢のうちにおいて、上《かみ》の所願のごとき一切の境界の諸相を見ることを得しめたまは。

と言っています。善導の功績を古今楷定《ここんかいじょう》（古今の誤解を正して是非を定めること。「散善義」のおわりに出てくる言葉です）といいます。

『観無量寿経』で説く浄土往生の仏道は定善《じょうぜん》十三観法と散善《さんぜん》三観法のあわせて十六の観法です。定善行は息慮凝心《そくりょぎょうしん》の行といわれる観法で、第一日想観《にちそうかん》から第十三雑想観《ざつそうかん》までの十三通りの観仏行です。散善行は廃悪修善《はいあくしゅぜん》の行で、『観無量寿経』の三福九品《さんふくくぼん》の仏道です。「玄義分《げんぎぶん》」から善導が伝えたいことがわかります。定善の仏道は韋提希夫人の請いによって説かれた仏道ですが、散善の仏道は釈尊自説の仏道だと言っています。そうですから、定散二善ある仏道のなかで、定善観仏の仏道よりも、凡夫の歩む仏道として散善修習の仏道を高く評価しています。浄土往生の仏道として定散二善《じょうさんにぜん》の道を

説いていますが、それよりも重要視したのが称名念仏の仏道です。ここを注視しておきましょう。「散善義」に、

上来定散両門の益を説くと雖も、仏の本願の意に望むれば、衆生をして一向に専ら弥陀仏の名を称せしむるに在り。

と説いているところに、善導の本心が読み取れます。浄土教の本質からいえば、定散二善の道も廃するべき仏道であって、称名念仏の仏道こそが往生浄土の仏道だと勧めているのです。このように思考するのは、曇鸞と道綽の浄土思想を継承しながら、自らの信仰を深めてきた善導の帰結だからといえます。称名念仏の仏道こそが、阿弥陀仏の本願に順じる仏道であると主張しているのです。称名念仏の仏道は『往生礼讃』の安心《あんじん》、起行《きぎょう》、作業《さごう》の仏道だと言います。この念仏往生の仏道は今までにみられない見解で、善導の独創的な考えでした。

かくして善導が説いている浄土往生の仏道は、ひたすら称名念仏していく仏道にあります。浄土教の伝統を継承しながら、善導の独創的な、念仏往生の仏道を説いてい

ます。すなわち、『往生礼讃』でいうところの安心《あんじん》、起行《きぎょう》、作業《さごう》の仏道なのです。その安心とは行業を修めるについての心の持ち方とか用心のことです。それは『観無量寿経』の至誠心《しじょうしん》、深心《じんしん》、回向発願心《えこうほつがんしん》の三心をさしています。また、起行は読誦、観察、礼拝、称名、讃嘆供養の五正行《ごしょうぎょう》です。この五正行は『浄土論』の五念門行にもとづいているのですが、今はそれを称名中心の行業として解釈をしています。善導においては、この五正行の中の称名こそが正定業《しょうじょうごう》として中心となり、他の四行は助業《じょごう》として称名行を補うものとみています。また、作業は五正行を実践する方法をあかしたものですが、恭敬修、無余修、無間修、長時修の四修のなかで、中心として無余修の専修を主張しています。このように浄土往生の仏道には安心（三心）、起行（五正行）、作業（四修）の道があると言い、言い換えれば、称名念仏を修める願行《がんぎょう》具足《ぐそく》の念仏一行が浄土往生の仏道であると説いているのです。

## 親鸞への影響

親鸞は善導の念仏往生の仏道のから大きな影響をうけました。注視したいのは、「散善義」にでている就人立信《しゅうじんりっしん》と就行立信《じゅうぎょうりっしん》の教えです。善導は浄土往生の仏道は、教えを説く人の人格を就人立信《じゅにんりっしん》し、またその修める行業を就行立信《じゅぎょうりっしん》すべきことを説いています。それはどういうことでしょうか。はじめに就人立信とは、釈尊の教法を信じて信を立てることをいいます。次に就行立信は、浄土往生の仏道として正行《しょうぎょう》（正しい行業）と雑行《ぞうぎょう》（誤った行業）があるが、雑行をすてて正行をえらび、さらにその正行のなかに正定《しょうじょう》業《ごう》（本義としての行業）と助業《じょごう》（正行をたすけるための行業）があり、その正定業の称名念仏の行こそが、阿弥陀仏の本願に順《じゅん》じた正しい行業だと説いています。善導はそれを選びとり、どこまでも称名行だけを実践すべきだと主張しています。親鸞は就人立信と就行立信から、浄土往生の行を修めるのに何よりも教えを説く人の人格と、教えへの信認が大事だと確信しました。そこで「散善義」の文を、『教行信証』（「信巻」）と『愚禿《ぐとく》鈔《しょう》』に引用して、浄土往生の行を修めるには確固とした信念もつ人を選び、勧めるところの行を選ぶことが大事だと説いています。もう一つ大きな影響を受けているのが、「散善義」の深心釈《じんしんじゃく》の二種深信《にしゅじんしん》の思想です。『教行信証』（「信巻」）に「散善義」の二種深信の文と、『往生礼讃』の二種深信の文を引用しています。この二種深信の思想は、『往生論註』の二知三信に源流があります。『往生論註』でいう阿弥陀仏は実相身《じっそうしん》であり為《い》物身《もつしん》であるという領解から、親鸞は二種深信を説いています。

もう少し親鸞の領解をみてみましょう。聖道諸師は『観無量寿経』を、観法を中心とする聖道自力の立場から解釈していました。この意見に対して、善導は要門《ようもん》と弘願《ぐがん》の立場があることを説きました。要門は浄土にはいる重要な法門、あるいは弘願の門《もん》要法に入る門戸という意味です。これが定善十三観と散善三観の教えだというのです。定善二善の行を浄土に回向して、往生を願求するのが要門の立場ですが、これは『観無量寿経』の顕説《けんぜつ》の立場で言うことであると、善導は言っています。さらにこれは『無量寿経』第十九願の意にあたると言うのです。そうですから、親鸞は『一念多念証文』に、おほよそ八万四千の法門は、みなこれ浄土の方便の善なり。これを要門といふ。これを仮門となづけたり。この要門・仮門といふは、この要門・仮門といふは、すなはち『無量寿仏観経』一部に説きたまへる定善・散善これなり。定善は十三観なり、散善は三福九品の諸善なり。これみな浄土方便の要門なり、これを仮門ともいふ。この要門・仮門より、もろもろの衆生をすすめこしらへて、本願一乗円融無碍真実功徳大宝海にをしへすすめ入れたまふがゆゑに、よろづの自力の善業をば、方便の門と申すなり。

と、善導の意志を承けついで、このように説いています。次に弘願門です。これは弥陀弘誓の本願のことです。「玄義分」に、

弘願といふは『大経』に説きたまふがごとし。一切善悪の凡夫生ずることを得るものは、みな阿弥陀仏の大願業力に乗じて増上縁となさざるはなし。

と説いています。弘願門は第十八願のことです。それが一切衆生を救う他力念仏の法門にほかならないのです。しかし、「玄義分」要弘二門の判釈には、

しかも娑婆の化主《けしゅ》（釈尊）はその請《しょう》によるがゆゑにすなはち広く浄土の要門を開き、安楽の能人《のうにん》（阿弥陀仏）は別時《べつじ》の弘願に顕彰したまふ。その要門とはすなはちこの『観経』の定散二門なり。定はすなはち慮《おもんぱか》りを息《や》めてもつて心を凝《こ》らす。散はすなはち悪を廃してもつて善を修す。この二行をして往生を求願す。弘願といふは『大経』に説きたまふがごとし。一切善悪の凡夫生ずることを得《う》るものは、みな阿弥陀仏の大願業力に乗じて増上縁となさざるはなしと。

と説いています。また、「散善義」に、

上来定散両門の益を説くといへども、仏の本願に望むるに、意《こころ》、衆生をして一向にもつぱら弥陀仏の名《みな》を称せしむるにあり。

と説いています。すなわち、『観無量寿経』の説相《せつそう》は定善行と散善行が説いているが、結局はこの定散二善の行は廃すべきであり、本意は弥陀他力の本願にあると言うのです。これが善導の『観無量寿経』観であり、弘願門の立場です。親鸞はこの要弘二門《ようぐにもん》の判釈を承けつぎ、要門・真門・弘願門の三門判をたてて説いています。

ここで「化身土巻」（本）の三経隠顕釈《おんけんじゃく》にふれなければなりません。

釈家の意によりて、『無量寿仏観経』を案ずれば、顕彰隠密の義あり。顕といふは、すなはち定散諸善を顕し、三輩・三心を開く。しかるに二善・三福は報土の真因にあらず。諸機《しょき》の三心は自利各別にして、利他の一心にあらず。如来の異《い》の方便、欣慕《ごんぼ》浄土の善根なり。これはこの経の意なり。すなはちこれ顕の義なり。彰といふは、如来の弘願を彰《あらわ》し、利他通入の一心を演暢《えんちょう》す。達多《だった》（提婆達多）・闍世《じゃせ》（阿闍世）の悪逆によりて、釈迦微笑《みしょう》の素懐を彰す。韋提別選の正意によりて、弥陀大悲の本願を開闡《かいせん》す。これすなはちこの経の隠彰《おんしょう》の義なり。

と、今まで誰もが説いていない『観無量寿経』に顕彰《けんしょう》と隠密《おんみつ》の義があることを親鸞は説いています。まさに善導の要弘二門判の教えにもとづいて、親鸞独自の三経観がここに展開されたのです。源空は『選択集』念仏付属章に、「ゆゑにいま定散廃せんがために説き、念仏三昧は立《りゅう》せんがために説く」と、善導の廃観立称《はいかんりっしょう》をもって本願の念仏に帰結したことを継承し、定散二善は廃すべきで、念仏こそ所立のものであると強調しています。

また、親鸞に大きな影響をあたえた六字釈《ろくじしゃく》にふれなければなりません。摂論宗の学者が『観無量寿経』下々品《げげぼん》の念仏往生を別時意《べつじい》の方便説とみなして、唯願無行《ゆいがんむぎょう》（ただ願だけがあって、浄土往生の行がないという主張）の念仏とみなしていました。善導はこの主張にたいして、願行具足《がんぎょうぐそく》（浄土往生の願と行が具わっている）の念仏だと強調し、さらには即得往生《そくとくおうじょう》を主張しています。これが善導が南無阿弥陀仏の六字を解釈した六字釈です。『観無量寿経』下々品《げげぼん》の称名念仏に願と行が具足しているので、念仏の衆生は命終のとき即得往生できるという主張です。六字釈は『観無量寿経』下々品に、

> かくのごとく心を至して、声をして絶えざらしめて、十念に具足して南無阿弥陀仏と称せしむ。

とあるところを、善導が南無阿弥陀仏の六字を解釈したものです。すなわち「玄義分」和会門《わえもん》に、

> いまこの『観経』のなかの十声の称仏は、すなわち十願十行ありて具足す。いか

んが具足する。南無《なも》といふはすなはちこれ帰命《きみょう》なり、またこれ発願回向《ほつがんえこう》の義なり。阿弥陀仏といふはすなはちこれその行なり。この義をもつてのゆゑにかならず往生を得《う》。

という有名な六字釈です。この解釈があるから、浄土真宗で、「念仏すればまちがいなく救われる」ということが言い切れるのです。

少しややこしくなりますが、ここをもう少し整理しておきます。ここを理解しておかないと、親鸞がどうして「ただ念仏して」と言いきり、救いのよろこびを伝えているのかが理解できないでしょう。南無阿弥陀仏の南無を解釈して、帰命《きみょう》と発願回向《ほつがんえこう》の二義があると解釈し、南無阿弥陀仏の阿弥陀仏の四字には即是其行《そくぜごぎょう》の義があるというのが六字釈です。この解釈を宗学では六字三義《ろくじさんぎ》と言います。この六字三義には願行門《がんぎょうもん》の立場と機法門《きほうもん》の立場の二つがあります。さらに帰命の解釈には約仏釈《やくぶつしゃく》（阿弥陀仏の立場から救いを説く）と約生釈《やくしょうしゃく》（約仏の逆で、衆生の立場から救いを説く）の二つの立場があるのですが、今は割愛しておきます。知りたい方は専門書や安心論題で学んでください。善導の六字釈を要約すると、阿弥陀仏が衆生を救済するために南無阿弥陀仏の六字の名号を成就《じょうじゅ》し、この名号こそが私を浄土に往生させる行体《ぎょうたい》(即是其行《そくぜごぎょう》)である、阿弥陀仏の救いのはたらきとみたのです。しかも阿弥陀仏は回向によって私を救済しようと誓い(約《やく》法《ほう》の発願《ほつがん》回向《えこう》)、われに帰せよと招喚《しょうかん》しているから(約法の帰命)、私はそのおおせの本願を疑いなく信じて(約機《やくき》の帰命)、往生することができる決定要期《けつじょうようご》(約機の発願回向)であると説いています。

『教行信証』「行巻」の大行釈で「玄義分」の文を引用してから、善導の六字釈を継承しながら、親鸞独自の六字釈を約仏釈から説いています。それは、

しかれば南無の言は帰命なり。機の言は、至なり、また帰説《きえつ》なり、説の字は、悦の音《こえ》なり。また帰説《きさい》なり、説の字は、税の音《こえ》なり。悦税《えつさい》二つの音《こえ》は告《つぐる》なり、述《のぶ》なり、人の意《こころ》を宣述《せんじゅつ》するなり。命《めい》の言は、業なり、招引なり、使なり、教なり、道なり、信なり、計《はからう》なり、召《めす》なり。ここをもつて帰命は本願招喚《ほんがんしょうかん》の勅命《ちょくめい》なり。発願回向といふは、如来すでに発願して衆生の行を回施《えせ》したまふの心《しん》なり。即是其行《そくぜごぎょう》といふ

は、すなはち選択《せんじゃく》本願これなり。

というものです。『教行信証』のこの六字釈は約仏釈の立場の解釈ですが、『尊号真像銘文』は約生釈の立場から南無阿弥陀仏の六字を解釈しています。

言南無者といふは、すなはち帰命と申すみことばなり、帰命はすなはち釈迦・弥陀の二尊の勅命にしたがひて召しにかなふと申すことばなり、このゆゑに即是帰命とのたまへり。亦是《やくぜ》発願回向之義といふは、二尊の召しにしたがうて安楽浄土に生れんとねがふこころなりとのたまへるなり。言阿弥陀仏者と申すは、即是其行となり、即是其行はこれすなはち法蔵菩薩の選択本願なりとしるべしとなり。

というものです。このように善導は六字の三義を衆生のうえで解釈(約生釈)した六字がありますが、さらに、親鸞は『教行信証』(「行巻」)で帰命と発願回向と即是其行を共に如来の側に約する約仏釈の六字釈と、『尊号真像銘文』の約生釈の六字釈がみられます。

さらに蓮如にも独特の六字釈があります。これは善導と親鸞の六字釈を混合したような六字釈です。蓮如独自の六字釈は、五帖八十通の一の十五、二の九、二の十四、三の五～六、三の八、四の八、四の十一、四の十四、五の八、五の十一、五の十三に説いています。例えば、第三帖目第六通の「唯能常称の章」では、

それ南無阿弥陀仏と申すはいかなるこころとなれば、まづ南無といふ二字は帰命と発願回向とのふたつのこころなり。また南無といふは願なり、阿弥陀仏といふは行なり。されば雑行雑善をなげすてて専修専念に弥陀如来をたのみたてまつりて、たすけたまへとおもふ帰命の一念おこるとき、かたじけなくも遍照の光明を放ちて行者を摂取したまふなり。このこころすなはち阿弥陀仏の四つの字のこころなり。また発願回向のこころなり。これによれて南無阿弥陀仏といふ六字は、ひとへにわれらが往生すべき他力信心のいはれをあらはしたまへる御名《みな》なりとみえたり。

と二字四字分釈《にじよじぶんしゃく》とよばれる六字釈で南無阿弥陀仏の六字の心を説明しています。

## 源信僧都

平安時代の九四二年に、奈良県の当麻《たいま》で生まれました。九歳のときに比叡山にのぼり、十五歳のときに宮中で『称讃浄土経』を御進講《ごしんこう》したと伝えられています。その褒美を郷里の母におくったところ、母はこのことを嘆いたという。その時の母の手紙に、

後《のち》の世《よ》を導く僧とたのみしに　世渡《よわた》る僧となるぞ悲しき

という歌が添えてあったと、『恵信僧都全集』にのっています。この手紙を読んで後悔して、それからは名利をはなれて横川《よかわ》の首楞厳院《しゅりょうごんいん》で専ら仏道修行したと伝えられています。できすぎたような話ですが、これは源信の非凡な才能を後代の人が讃えたものでしょうか。源信は基本的に『法華経』を中心とする仏教理解にもとづいて、インドの龍樹の般若思想と中国の智顗《ちぎ》の天台教学を継承した人です。そうですから、空仮中《くうけちゅう》の三諦円融《さんたいえんゆう》の論理を語り、それについての一心三観《いっしんさんかん》の観法を学ぶことを根本の立場と

していきます。源信は天台教学に立ちつつも、その他方に良源や空也、千観に導かれて、浄土教を注視していました。そういう状況のなかで『往生要集』が書かれました。晩年は念仏行者として過ごしています。『往生要集』にある、「極重悪人は他の方便なし、ただ仏を称念して極楽に生ずることをうる」とは、まさに源信の最終的な帰結であるといえましょう。「正信偈」に、

源信広く一代の教を開いて、偏に安養に帰して一切を勧む。専雑の執心浅深を判じて、報化二土正しく弁立せり。極重の悪人はただ仏を称すべし。我また彼の摂取の中にあれども、煩悩眼を障えて見えずといえども、大悲ものうきことなく常に我を照したまうといえり。

（意訳　源信は釈尊一代の教えを開いて、みずから西方浄土を願い、すべての人にも念仏を勧めました。自力の信心を浅いと深いに分けて、浄土に報土と化土があることを示されました。煩悩を絶やすことなく生きている人はただ念仏よりほかに救いの道はないと示していきます。私は念仏の行者として、いつも阿弥陀仏の摂取の光明のなかにすんでいる身で

ありますが、煩悩にいつも眼がさえぎられて阿弥陀仏をおがむことができません。けれども阿弥陀仏の大悲はたえまなく、いつも私を照らしてくださっていると仰せです。）

と、「報土《ほうど》と化土《けど》を弁立したことを述べ、いかなる人でも念仏する人は、阿弥陀仏の大悲の光明に摂取されて救われている」と源信を紹介しています。また、『高僧和讃』で十首の和讃をつくって、源信を讃仰しています。

## 源信の教え

阿弥陀仏の浄土に往生するための肝要な文を『往生要集《おうじょうようしゅう》』は集めています。この『往生要集』に引用されている典籍が百六十余部、経論釈が九百五十余もあります。源信の浄土教の理解がどんなに広範であったたか、その博識におどろきをかくせません。『往生要集』の序文に制作の意図を示して、

それ往生極楽の教行《きょうぎょう》は、濁世末代《じょくせまつだい》の目足《もくそく》なり。道俗貴賤、たれか帰せざるものあらん。ただし顕密の教法、その文《もん》、一にあらず。事理の業因、その行これ多し。

利智精進の人《にん》は、いまだ難しとなさず。予がごとき頑魯《がんろ》のもの、あにあへてせんや。このゆゑに、念仏の一の門によりて、いささか経論の要文を集む。これを披《ひら》きこれを修するに、覚《さと》りやすく行じやすし。

と述べ、末代（末法）の時代である今日、人々の目と足となる教えが念仏であることを述べています。

『往生要集』の構成は十章からなっています。第一から第三の三章は、私たちが流転輪廻する迷界の様相をあかし、ひとえに阿弥陀仏の浄土を願生すべきことを説いています。第四から第六の三章は、『往生要集』の中心となっているところです。ここに浄土往生の行業としての観想念仏、口称念仏の行をめぐって詳細に論じています。第七と第八の二章は、念仏の仏道の利益と証拠を述べています。第九章は観想念仏と口称念仏以外の行業によっても、阿弥陀仏の浄土に往生することができることを述べています。第十章は問答によって全体を結んでいます。天台教学の中心は三諦円融《さんたいえんゆう》、一心三観を根本とした止観行《しかんぎょう》にあります。源信の浄土往生の仏道は、第四章の正修念仏門と第五章の助念方法門においてあきらかです。第四章の正修念仏門で『浄土論』の五念門行をうけて、念仏行を修習する方法をあかしています。そして、第五章の助念方法門では観想、念仏行を修習することについて、「方術をもって観念を助けて往生の大事を成ず」と言い、七種の方法を用いてその行業を成就させるべきだと述べています。かくして、源信の浄土往生の仏道をみると、基本的には観想往生の仏道だといえます。それは別想観、総想観、白毫観としての仏身観察の仏道です。この観想念仏に耐えられないものは、一心称名の仏道があると示しています。が、それも本質的には観察、観念の行に属するものです。

『往生要集』の内容を把握するのは大変です。幸いにも源空が著した『往生要集大《たい》綱《こう》』があり、これに解説している広《こう》・略《りゃく》・要《よう》の三例《さんれい》を通して、『往生要集』の真意をくみ取ってみたいと思います。第一の広例は、『往生要集』十門は観念が主体で、他の諸宗の行業は補助的だという見方です。これは聖道門の通規にならいながら、門外の人を浄土門に誘い導くために、説いている方便施とみる見方です。第二の略例は、第五助念方法門の第七総結要行《そうけつようぎょう》に、浄土往生の要行を総結している七法のことです。すなわち、浄土往生は大菩提心をおこし、三業の悪をやめて、三心の信から念仏をすべきだと勧めています。ここで注意しなければならないことがあります。この七法では念仏が正定業《しょうじょうごう》となり、ほかの六法が助業《じょごう》となっています。ということは先の広例の中心は観念であるが、この略例は観念が念仏を助けるということになり、念仏が中心になっているのです。しかし、この時の念仏は菩提心や護三業《ごさんごう》の助けを必要としている念仏のことです。そうですから、この念仏は本願相応の念仏ではありませんから、第二十願の念仏ということになります。第三の要例は弘願真実の口称念仏が、浄土往生の要法であるという見方です。これは第四正修念仏門の雑略観《ぞうりゃくかん》の文や、第十問答料簡の第二の往生の階位の文から、この口称念仏は三心具足《さんしんぐそく》の念仏であって、これこそ弘願真実の念仏にほかならないと説いています。

広例は略例に赴き、略例は要例に帰するというふうに、広例と略例は導きであって、要例の弘願真実の念仏のみ実践すべきだと説いているといいます。『往生要集』に説いている浄土往生の仏道についていえば、源信は阿弥陀仏の仏身を観想するという観仏の仏道と、阿弥陀仏の名号を称する称名の仏道と、さらには阿弥陀仏の仏名を聞くという聞名の仏道の三をも説いています。

## 親鸞への影響

親鸞は源信が説く聞名不退《もんみょうふたい》・聞名往生《もんみょうおうじょう》の仏道の教えから多くを学んだようです。それは『教行信証の「行巻」と「信巻」に、源信の教えを基盤とした真宗教義を構築しているところからもわかります。浄土往生をめぐる報土《ほうど》と化土《けど》の問題について、源信は専修《せんじゅ》と雑修《ざっしゅ》の得失《とくしつ》を判じた報化二土《ほうけにど》を説いています。源空が説いている専修念仏の教えは、『往生要集』の念仏為本《ねんぶついほん》の実践を開顕したものだといわれています。そこから親鸞は多くの影響をうけています。『往生要集』は浄土を報の浄土と化の浄土にと分けています。行業が専修のものは信心堅固であるから報の浄土に往生できるが、かたや行業が雑修の信心不堅固のものは化の浄土に往生すると説いています。この報の浄土と化の浄土は、また報土と化土ともいわれます。この考え方は『菩薩処胎経《ぼさつしょたいきょう》』にでています。

『教行信証』の「化身土巻」に、『往生要集』第十章の問答料簡門と報化十得失の文を引用して、その化土往生をめぐる問題を説いていますが、ここに『群疑論《ぐんぎろん》』を引用して答えています。すなわち、「往生を求めるものが多いのに、その目的を達する人が少ないのはどうしてか」という問いです。この問いにたいして、『安楽集』の三不三信《さんぷさんしん》の解釈と、『往生礼讃』の専雑二修《せんぞうにしゅ》の解釈を引用して答えています。それは願生の行者が三心をそなえることができず、専修《せんじゅ》でない雑行《ぞうぎょう》をしているので、阿弥陀仏の報土に往生することができないという主張です。そうですから、報土に往生できないで懈慢《けまん》界《がい》の化土《けど》に生じるのだという判別をしました。源信は因に専修雑修があるので、果に報化二土を感じるとはっきりと示しています。この報化二土判《ほうけにどはん》の問題は、親鸞にいたってはっきりとしています。すなわち、「真仏土巻」に、

しかるに願海について真あり仮あり。ここをもつてまた、仏土について真あり仮

あり。選択本願の正因によりて、真仏土を成就せり。…………真仮みなこれ大悲の願海に酬報せり。ゆゑに知んぬ。報仏土なりといふことを。まことに仮の仏土の業因千差なれば、土もまた千差なるべし。これを方便化身・化土と名づく、真化を知らざるによりて、如来広大の恩徳を迷失す。

というふうに、親鸞の報化二土の領解は、源信の理解よりも深まってきているといえます。親鸞は称名念仏の仏道について、専修と雑修をあかし、それにもとづく信心の浅心と深心、正しい信心とあやまった虚仮の信心について明瞭に分判しています。阿弥陀仏の仏身について、真実の仏身、真身にたいして方便の化身があると説き、浄土も真土の報土と方便の化土があると説いています。疑惑不信の心をもったままの第十九願の仮門《けもん》の諸行修習の人、第二十願の真門《しんもん》の自力念仏は、化身・化土の浄土に往生すると説きます。

それじゃ、化土に往生した人はどうなるのでしょうか。ここは大事なところですから、たくさんの宗学者がこのことについて考究をしています。化には教化の意味があります。先哲の考究をまとめれば、真報土に導くために、方便として仮《か》りに化現し、施設された仏身・仏土であると理解すべきだという理解です。いずれにしても、この化土の思想は仏法求道のきびしさを誡めているとうけとめるべきでしょう。浄土を『教行信証』の「真仏土巻」には、無量光明土と捉えています。その中に懈慢辺地《けまんへんち》、疑城《ぎじょう》胎宮《たいぐう》の化土が実体的に存在する余地はないと考えるほうが、親鸞の意思に沿えるのではないかと思います。化土は第十九願と二十願の者にたいする果報を象徴的に表現している、という先哲の考えに同感します。化土は方便的に仮設した教えだと理解したほうがいいと思います。「定善義」に、「往生をうといえども華に含まれていまだいでず」という文があります。浄土の蓮華の中に生じても、その花弁が開かずと同じように、阿弥陀仏にあえないまま、その浄土の功徳が身に得ることができない世界を化土《けど》というのでしょう。これが化土往生です。この化土思想は念仏のいただき方への厳しい教導とうけとめるべきだと思います。

また、浄土真宗の仏道が称名行であると、「行巻」で主張しています。この称名は阿弥陀仏から私への告名《なのり》であり、また阿弥陀仏の招喚《しょうかん》の声であると親鸞は味わっています。これでもって、称名とは聞名であるべきだと言いたいのです。『教行信証』の「信巻」で、聞名が告名と招喚の勅命であるとうけとめたとき、その聞名体験を真実信心の獲得《ぎゃくとく》だと説いているところからも味わいたいものです。

# 源空上人

平安時代の一一三三年、岡山県に生まれました。十五歳の時に比叡山にのぼって学問を修め、二十四歳で比叡山をおりました。それから出離の道を求めて諸国を遊行しています。四十三歳のときに、

一心に専ら弥陀の名号を念じて、行住坐臥《ぎょうじゅうざが》に時節の久近《くごん》を問わず、念念《ねんねん》に捨てざるものは、これを正定《しょうじょう》の業と名づく、彼《か》の仏願に順ずるが故に。

という善導の『観経四帖疏』(「散善義」)の一文を読んで、称名念仏の仏道に開眼したといいます。善導の一文によって、長い間求めていた仏道の神髄にふれて進むべき道が開かれたのです。この時の感動を、『選択本願念仏集《せんじゃくほんがんねんぶつしゅう》』後述に、

ここに貧道《ひんどう》(源空)、昔この典《てん》を披閲《ひえつ》して、ほぼ素意《そい》を識《し》る。立ちどころに余行を舍《とど》めてここに念仏に帰す。それよりこのかた今日に至るまで、自行化他《じぎょうけた》ただ念仏を

綷《こと》とす。

と記しています。源信の浄土教を継承していた叡空らの浄土教は、いずれも念仏行とともに諸種の行業を認めているものでした。ことに天台教学においての止観行は称名念仏と併修している行でした。しかし、源空が善導の浄土教に帰したということは、この天台宗の止観行と称名念仏を併修する行の浄土教と決別したことを意味しています。「正信偈」に、

本師源空は仏教に明らかにして、善悪の凡夫人を憐愍《れんみん》せしむ。真宗の教証片州に興す。選択本願悪世に弘む。生死輪廻の家に還来することは、決するに疑情をもって所止となす。速やかに寂静無為の楽に入ることは、必ず信心をもって能入となすといえり。

（意訳　源空は比叡山智慧第一といわれたほどの人ですから。一代仏教に通暁していました。多くの人が迷い苦しんいるのを見過ごすことができませんでした。そこで誰でも仏になることのできる念仏の教えを広めました。それは今までの仏道とはことなり、阿弥陀仏の救いで

ある名号を称える仏道でした。私たちがいつまでも迷いながら苦しみながら生きているのは、阿弥陀仏の本願を疑って暮らしているからです。源空はすみやかに涅槃のさとりをひらくには、ただ信心によると説いています。)

と、「すべての人が救われる称名念仏の仏道は、阿弥陀仏の選択本願の開顕であること、そして、疑いを誡めて信を勧めている」と、源空を紹介しています。また、『高僧和讃』に二十首の和讃をつくって、生涯の師・源空を讃仰しています。

## 源空の教え

阿弥陀仏の浄土に往生したいという思想は『選択本願念仏集《せんじゃくほんがんねんぶつしゅう》』(省略して『選択集《せんじゃくしゅう》』)にあきらかにされています。しかし、この『選択本願念仏集』は、正確には源空(法然)の著書とはいえません。それは『選択本願念仏集《せんじゃくほんがんねんぶつしゅう》』は源空が書いた本でなく、門弟たちによって書かれた本だからです。建久《けんきゅう》九年(一一九八)三月、源空が六十九歳のとき、九条兼実《くじょうかねざね》の懇望によって、源空のもとで念仏の教えを学んでいた門弟が分担して書いた本です。この本の執筆者については諸説があります。聖冏《しょうげい》の『決疑鈔直牒《けつぎしょうじきてつ》』によると次のようです。内題《ないだい》（標挙《ひょうこ》と「選択本願念仏集　南無阿弥陀仏　往生之業念仏為先」）の十四文字は源空の直筆、第一章から第三章の「能く瓦礫をして変じて金と成さしむ」までを安楽房が執筆し、次の第十二章念仏付属章の「故に知んぬ。念仏往生の道は正像末の三時、及び法滅百歳の時に通ずということを」までを真観房が執筆し、次の第十三章から第十六章の「写さんと欲はん者は、一に経法の如くせよ。応に知るべし」までは執筆者が不明で、それ以降はふたたび真観房の執筆であると記しています。『選択本願念仏集』後述の撰述因縁で、

しかるにいま図《はか》らざるに仰せを蒙《こうむ》る。辞謝《じしゃ》するに地《ところ》なし。よりていまなまじひに念仏の要義を述ぶ。ただ命旨《めいし》を顧《かえり》みて不敏《ふびん》を顧《かえり》みず。これすなはち無慚無愧《むざんむぎ》のはなはだしきなり。庶幾《こいねが》はくは一たび高覧《こうらん》を経て後《のち》に、壁の底に埋《うず》みて、窓の前に遺《のこ》すことなかれ。おそらくは破法《はほう》の人をして、悪道《あくどう》に堕《だ》せしめざらんがためなり。

と述べて『選択本願念仏集』撰述の由来を記しています。親鸞は三十三歳のときに、『選

択本願念仏集』を見写する許可をもらいました。その時の感激を、『教行信証』の「化身土巻」（末）に、

選択本願念仏集は、禅定博陸《ぜんじょうはくりく》 月輪殿兼実《つきのわどのかねざね》 法名円照《ほうみょうえんしょう》 の教命《こうめい》によりて選集《せんじゅう》せしめるところなり。真宗の簡要《かんよう》、念仏の奥義《おうぎ》、これに摂在《しょうざい》せり。見るもの諭《さとし》り易《やす》し。まことにこれ希有《けう》最勝《さいしょう》の華《か》、無上《むじょう》甚深《じんじん》の宝典《ほうでん》なり。

と書き記しています。『選択本願念仏集』には、源空が勧める念仏の教えの奥義がつまっていると絶賛しています。

この『選択本願念仏集』は十六章から成り立っています。最後は結勧《けつかん》の文で終わっています。第一章は『安楽集』の聖浄二門判《しょうじょうにもんはん》を引用して、浄土宗の開宗を宣言しています。その理由は釈尊が往生してから遥遠《ようおん》であること、仏法は理《り》が深くては微《び》である時代だからと述べています。そして、誰にでも実践できる念仏の仏道こそが万人相応の仏道だと説いています。第二章の二行章は、『観経四帖疏』の「散善義」を引用して、浄土往生の仏道を述べています。ここで五正行《ごしょうぎょう》の中の称名正行こそが、阿弥陀仏

の本願に順じる勝《すぐ》れた浄土往生の正定業《しょうじょうごう》で、あとの四種の正行は称名正定業の助業《じょごう》であると説いています。第三章の本願章は第十八願と『観念法門』引用の本願《ほんがん》加減《かげん》の文、そして『往生礼讃』引用の本願自解の文を引いて、阿弥陀仏が浄土を建立しその行業は念仏一行を選取していることだと説いています。第四章の三輩章《さんぱいしょう》は『無量寿経』（『大経』）の三輩往生の文を引用して、諸行を廃止して、念仏をたてるために（廃立《はいりゅう》）、諸行は念仏の正業を助けるために（助正《じょしょう》）、諸行を傍《かたわら》として、念仏を正とするために（傍正《ぼうしょう》）諸行往生を認めているが、最終的には念仏一行に帰するべきであると説いています。第五章の利益章、第六章の特留章。第七章の摂取章、第八章の三心章、第九章の四修章、第十章の化讃章、第十一章の約対章、第十二章の付属章、第十三章の多善章、第十四章の証誠章、第十五章の護念章は、すべて念仏往生の仏道をめぐる讃嘆の文です。第十六章の慇懃章は、『阿弥陀経』の流通分《るづうぶん》、『法事讃』の文から、釈尊が舎利弗に念仏往生の道を付属《ふぞく》したことを明かして、この念仏の教法こそが勝れていると説いています。第十六章の終わりに浄土三部経の本意は、諸行を選び捨てて念仏一行を選びとることにあるという意趣を説いています。

最後に結勧の文があるのですが、ここに有名な三選《さんせん》の文《もん》があります。『選択集』の結論ですので、その意訳を述べておきます。

仏法を学び仏のさとりに到ろうと願うものは、まず聖道門の教えをさしおいて、選んで浄土門の教えを学びなさい。また浄土門の教えに帰依するものは、雑行をなげうちすてて選んで正行に帰しなさい。そして、さらに正行を修めるものは、助業をかたわらにして選んで正定業を専らにつとめなさい。その正定業とは阿弥陀仏の名号を称することです。称名念仏すればかならず阿弥陀仏の浄土に往生することができるのです。なぜなら称名念仏は阿弥陀仏の本願によって選択《せんじゃく》された仏道であるからです。

というものです。

『選択本願念仏集』の中核となるところは、第一の二門章と第二の二行章、そして、第三の本願章です。第四章以下は上をうけて、称名念仏行の修習の仕方と用心を示して、念仏行の利益と功徳を説いています。宗学では道隠《どうおん》の『選択集要津録《せんじゃくしゅうようしんろく》』、慧雲《えうん》の『選択集通津録《せんじゃくしゅうつうしんろく》』を読むと、本願章の称名念仏こそが阿弥陀仏の第十八願にもとづいているという説明をしています。大谷派の深励の『選択集講義』は二行章の善導の教示にもとづいている称名正定業こそが、『選択集』の中心になっているという説明をしています。

ここで源空が説いている選択本願の念仏について少しふれておきます。もともと選択本願は、阿弥陀仏が衆生を救済するためにたてた誓願です。衆生が阿弥陀仏の浄土に往生する因行は念仏の一行にほかならないとして、諸仏国土から善妙なものを選取し粗悪なものを選捨して、四十八願を建立しました。すなわち、これは『大経』の第十八願で、阿弥陀仏の大慈悲心を選択願心《せんじゃくがんしん》とか選択本願の念仏と言っています。『選択本願念仏集』二門章には、『安楽集』から聖浄二門《しょうじょうにもん》を判じて、聖道門を捨てて浄土門に帰すべきことを説いています。続いて「散善義」の文を引いて、雑行を捨てて正行に帰すべきことを説いています。最後に念仏の一行のみが往生の正定業であることを明かしています。本願章にいたっては念仏が往生の本願であること明かし、それがとりもなおさず第十八願の弘願念仏《ぐがんねんぶつ》であることを説いています。

それでは源空が説いている選択本願の念仏とはどういうものなのでしょうか。これについて、二行章と本願章にその要義が説かれています。まず二行章に「称名がどうして浄土に往生する正定業となるのか」について、次のような問答を設けて答えています。

なんがゆゑぞ五種のなかに独り称名念仏をもつて正定の業となすや。答へていはく、かの仏の願に順ずるがゆゑに。意《こころ》はいはく、称名念仏はこれかの仏の本願の行なり。ゆゑにこれを修すれば、かの仏の願に乗じてかならず往生を得《う》。その仏の本願の義、に至りて知るべし。

と述べて、称名念仏は阿弥陀仏の法体願力《ほったいがんりき》(阿弥陀仏のひとりばたらき)を示している願行にほかならないという説明をしています。次の本願章のはじめには、

弥陀如来、余行をもつて往生の本願とさざず、ただ念仏をもつて往生の本願とな

したまへる文。

と標示して、『無量寿経』第十八願文を引用して、称名念仏は第十八願の他力念仏であることを説いています。それでは、どうして称名念仏の一行が浄土往生の正因《しょういん》として選択されたのでしょうか。このことについて、

なんがゆゑぞ、第十八の願に、一切の諸行を選捨して、ただひとへに念仏一行を選取して往生の本願となしたまふや。答へていはく、聖意測《はか》りがたし。たやすく解《げ》することあたはず。しかりといへどもいま試みに二の義をもつてこれを解せば、一には勝劣の義、二には難易の義なり。初めの勝劣とは、念仏はこれ勝、余行はこれ劣なり。所以《ゆえん》はいかんとならば、名号はこれ万徳の帰するところなり。……みなことごとく阿弥陀仏の名号のなかに摂在《しょうざい》せり。ゆゑに名号の功徳もつとも勝となす。余行はしからず。おのおの一隅を守る。ここをもつて劣となす。……次に難易の義とは、念仏は修しやすし、諸行は修しがたし。……ゆゑに知りぬ、念仏は易きがゆゑに一切に通ず。諸行は難きがゆゑに諸機に通ぜず。しかればすな

はち一切衆生をして平等に往生せしめんがために、難を捨て易を取りて、本願となしたまへるか。

と、「本願章」に念仏は勝易《しょうい》の二徳があり、余行は難劣《なんれつ》の弊害があるので、阿弥陀仏は称名念仏の一法を選択して浄土往生の本願とすると説いています。これによって、源空がはじめて称名念仏のすぐれた理由を示したといえるのです。

## 親鸞への影響

親鸞は二十九歳から三十五歳まで、今までの仏道と全く異なる称名念仏一行の教えを源空から直接学びました。親鸞の仏道のすべては源空からの影響といえるかもしれません。源空は聖道門をすてて浄土門に帰すべきと言っています。さらに雑行《ぞうぎょう》をすてて正行《しょうぎょう》に帰して、念仏の一行のみが往生の正定業であることを説いています。それは称名念仏は第十八願の他力念仏にほかならないからです。つまるところ、阿弥陀仏の浄土に往生する仏道は聖道門を棄てて、浄土門に帰入る仏道であると説き、浄土門に帰したら五正行を修めるべきであると説いています。そして、五正行を修めるにしても、もっぱら称名の一行を修めるべきであり、この称名念仏行こそが浄土往生の唯一の行業として選択摂取せしめられると説いています。これこそ阿弥陀仏の本願に順じている正定業《しょうじょうごう》だから、必ず阿弥陀仏の浄土に往生することができるというのです。源空が説いている浄土往生の行道は、阿弥陀仏の本願に順じる仏道であり、専修念仏の仏道です。源空の専修念仏の思想は、親鸞に到って唯以信心の主張へと深まっていきます。

それでは称名念仏の一行が、どうして浄土往生の正因となるのでしょうか。それについて源空は、念仏には勝劣《しょうれつ》の義と難易《なんい》の義の二つの理由があるからだと言います。先と重複しますが、大事なところなので、少し説明をしておきます。⑴勝劣の義は、南無阿弥陀仏の名号には一切の万徳が円備された名号であり、その功徳はすぐれているので勝という。これにたいして諸善万行の余行は、部分的な行業で相対的な価値なので劣であるといわざるをえない。⑵難易の義は、念仏の一行はどんな人にも、どんな時にも、どんなところでも修し易く、諸善万行は修し難い。このように念仏には勝易の二徳があり、余行には難劣があるので、阿弥陀仏は称名念仏の一法を選択摂取して往生の本願とされたというのです。『選択本願念仏集』三心章に、

生死の家には疑をもって所止となし、涅槃の城には信をもって能入となす。

とあるのを、「正信偈」に、

生死輪転の家に還来することは、決するに疑情をもって所止となす。速やかに寂静無為の楽に入ることは、必ず信心をもって能入となすといえり。

と信心と疑情を対比して信疑決判《しんぎけっぱん》をしています。この信疑決判は、源空の三心章の文に依りながら、親鸞はその教えを深めて唯信独達の決判としています。衆生が阿弥陀仏の浄土に往生するか否かというのは、本願を信ずるか疑うかのいずれによるといえます。善導の深心釈によって開顕したのが信疑決判です。称名念仏は称名の功をつのる自力策励《じりきさくれい》の称名でなく、それは法体大行《ほったいたいぎょう》の念仏のいわれを疑いなく信ずることです。これによって真実信心をえた人だけが阿弥陀仏の報土に往生することができるという

ことがわかるのです。『尊号真像銘文』に信疑決判について、

当知生死之家といふは、まさにしるべし生死のいゑといふなり。以疑為所止といふは、大願の不思議力をうたがふこころをもて、六道・四生・二十五有にとどまるなり、いまにまよふとしるべしとなり。涅槃之城といふは安養浄刹《あんにょうじょうせつ》をまふすなり、以信為能入といふは、真実の信心をえたる人のみ本願の実報土いよくいるとべしとなり。

と教示しています。さらに、『高僧和讃』に、

諸仏方便ときいたり　源空ひじりとしめしつつ
無上の信心おしへてぞ　涅槃のかどをばひらきける
真の知識にあふことは　かたきがなかになをかたし
流転輪廻のきはなきは　疑情のさはりにしくぞなき

と信疑決判を勧励しています。『観経』の至誠心、深心、回向発願心の三心について、もし衆生ありてかの国に生ぜんと願ずるものは、三種の心を発《おこ》して即便往生《すなわちおうじょう》す。

なんらをか三つとする。一つには至誠心、二つには深心、三つには回向発願心なり。三心を具するものは、かならずかの国に生ず。

と説いています。善導はこの三心が『観無量寿経』の中心であるとみて、さらにそれが他力の三心であると説いています。源空は『選択集』の三心章に「念仏の行者必ず三心を具足すべき文」のなかで、『観無量寿経』の三心、「散善義」と『往生礼讃』の三心釈を引用して、善導の教えを継承しています。それによると、三心は三つの心を別々におこすものでなく、阿弥陀仏の本願である第十八願を深く信じる一心のほかならないことを明かしています。この三心の意味を要約すると、それはひとえに阿弥陀仏の本願を信じて、阿弥陀仏の浄土に生まれたいと願う心を三心というのです。これを『西方指南抄』(下本)に、

また三心とわかつおりは、かくのごとく別々になるようなれど、せんずるところは、真実のこころをおこして、ふかく本願を信じて、往生をねがはむこころとは申すべきなり。

と述べています。親鸞はここの源空の意をうけて『唯信抄文意』に、

一心かくるといふは信心のかくるなり。信心かくといふは、本願真実の三信心のかくるなり。『観経』の三心をえてのちに、『大経』の三信心をうるを一心をうるとは申すなり。このゆゑに『大経』の三信心をえざるをば一心かくると申すなり。この一心かけぬれば真の報土に生れずといふなり。

と説いています。また、『高僧和讃』に、

真実信心えざるをば　一心かけぬとをしへたり
一心かけたるひとはみな　三信具せずとおもふべし

とも述べています。

親鸞が生きた時代も、今を生きる私にとっても、時代は末法です。末法の時代に救われる時機《じき》相応の教えは、念仏しかないことは、道綽から浄土教家によって説かれつづけています。浄土教では他力念仏の仏道と、第十九願の修諸功徳・諸善万行の自力念仏の仏道と、第二十願の植諸徳本の自力念仏の仏道に三つの仏道があります。しか

し、第十九願と第二十願の仏道は方便権仮《ほうべんごんけ》の仏道で廃捨《はいしゃ》されるべき仏道です。親鸞にとって成仏への道は、ただ念仏しての第十八願の信心往生しかありません。親鸞の心からいうと、インドの龍樹から天親へ、中国の曇鸞から道綽へ、道綽から善導へ、そして日本の源信へと浄土教が時代と場所を超えて継承されてきました。でも、まだ一宗が独立するという機運に達していませんでした。この浄土教の教えが源空に継承されてきました。そして、源空は多難な生涯のなかで『選択本願念仏集』の公開と同時に浄土宗を独立しました。この源空が伝える念仏の教えを継承した親鸞は、源空が伝えた念仏の真意を理解していた一人でした。親鸞は凡夫が阿弥陀仏の他力の本願に救われるという、信心正因の念仏思想を深めています。源空は聖道門に対して行々相対《ぎょうぎょうそうたい》で念仏を説いているのですが、親鸞は信心を中心にして、阿弥陀仏の本願の念仏義を展開しており、独自の領解が深まってきているといえます。

**著者紹介**

鎌田宗雲（かまだ　そううん）

1949年岡山県に生まれる

浄土真宗本願寺派報恩寺住職

著書　『御文章解説』『御文章の豆知識』『蓮如上人』

『蓮如上人に学ぶ』『蓮如上人と御文章』

『阿弥陀仏と浄土の理解』『阿弥陀仏と浄土の証明』

『御伝鈔講讃』『親鸞の生涯と教え』『親鸞入門』

『親鸞の教え』『仏事と本願寺の話』『本願寺の故実』

『別冊太陽　親鸞』（共著）『真宗伝道の教材』

『みんなの法話』（共著）など多数

住所　〒529-1213　滋賀県愛知郡愛荘町沖271

**七高僧と親鸞**

令和3（2021）年1月16日　第1刷

著　者　鎌　田　宗　雲

発行者　永　田　　悟

印刷所　㈱図書印刷　同　朋　舎

製本所　㈱　吉田三誠堂

創業慶長年間

発行所　永　田　文　昌　堂

京都市下京区花屋町通西洞院西入

電　話　075(371)6651番

FAX　075(351)9031番

ISBN978-4-8162-6246-3 C1015